Lake
Ravenwood
Old Raven nest (abandoned)
Cliff
Wolf Encounter
Wolf Kill
Foot Trail
Lake
Cascade
Winter
Beaver dam
Bush Camp
Raven encounter
Wolves kill deer
Raven Eye
Mink Rocks
Beaver Lodge
Animal Trail
Beaver Lodge
High Pond
Wolf packs battle
Winter
Lake
4 wolves chase deer
Cliff
Cliff overlook
Blueberry Hill
Winter
Winter
Wolves hunt beaver
Otter slide
Wolves kill deer
Old prospectors Cabin
Beaver Valley
Large White pines
Troll Island
Lake
Fox den
Otter slide
Beaver dan
Winter
Spruce bog
Big Bog
Nothern Light Island
Moose Pond
Black Wolf
Angry Bull Moose
Bush Camp
Mwooky Land
Giant White-tail Buck

Nur noch eines blieb zu tun: diese geheimnisvollen Tiere
in den tiefen Wäldern zu finden und zu fotografieren.
Wie schon in meiner Kindheit folgte ich dem eingeschlagenen Pfad;
da draußen war etwas. Etwas Altbekanntes.
Ich fühlte, es war ein Wolf.

Jim Brandenburg

Das Vergessene Versprechen

Tecklenborg Verlag, Steinfurt

Für mein geliebtes „Familien-Rudel", Heidi, Anthony und Judy

Übersetzung aus dem Amerikanischen von Dr. W. Hensel
Titel der Original Ausgabe „Brother Wolf – A Forgotten Promise".
1. Auflage 1994, erschienen im North Word Press, Inc.,
7520 Highway 51 South Minocqua, WI 54548, U.S.A.
Copyright © 1993 bei Jim Brandenburg

Die deutsche Bibliothek – CIP Einheitsaufnahme

Bruder Wolf
Das vergessene Versprechen
NE: Brandenburg, Jim
ISBN: 3-924044-23-6

Copyright © der deutschen Ausgabe 1996:
Tecklenborg Verlag, Siemensstraße 4, D-48565 Steinfurt

Alle Rechte vorbehalten
Printed in Germany / Imprimé en Allemagne
Druckhaus Tecklenborg

ISBN 3-924044-23-6

Inhalt

Einleitung von Jim Brandenburg	sieben
Vorwort von Canis lupus	acht
Wölfe und Ravenwood	zwölf
Der Jäger	dreißig
Bruder Wolf	vierundfünfzig
Ein uraltes Versprechen	achtundsiebzig
In Gesellschaft von Wölfen	einhundertzwei
Wölfe und die menschliche Natur	einhundertsechsundzwanzig
Epilog	einhundertzweiundfünfzig

AN MEINE LESER

Das Schicksal war gut zu mir.

Fast während meines ganzen Lebens als Erwachsener durfte ich weit in der Welt umherreisen und wilde Tiere an den spektakulärsten Plätzen photographieren, die nur denkbar sind.

Ein Teil meiner Arbeit besteht aus Warten – warten, bis die Sonne scheint, warten, bis die Tiere kommen, warten sogar auf Flughäfen. Diese Zeit habe ich niemals unnütz verstreichen lassen. Die Wunder der Natur zu sehen, war mir ein Ansporn, über ihre Komplexität nachzudenken und darüber, wie sich der Mensch zu diesem fein abgestimmten Organismus verhält.

Was Sie lesen werden, ist ein Bestandteil dieser geistigen Ausflüge. Es ist nicht wissenschaftlich. Manches davon widerspricht sogar der Wissenschaft. Ich hoffe jedoch, eine Perspektive zum Fachgebiet der Naturstudien, und in diesem Fall zur neu entstandenen Wertschätzung für den Wolf, beizutragen, welche die Wissenschaft ergänzt und ebenso wertvoll ist.

Die Wölfe von Ellesmere Island, über die ich in meinem letzten Buch, White Wolf, berichtet habe, machten mich mit der ganzen Bandbreite des Wolfsverhaltens vertraut. Wölfe in den Wäldern von Minnesota zu untersuchen, ist jedoch weitaus schwieriger, denn hier leben sie viel versteckter. Bei meinen Aufzeichnungen zu Bruder Wolf verließ ich mich auf die Kooperation mit den wilden Wölfen, die nahe meiner Hütte in Ravenwood leben. Ich habe aber auch einige Photos in das Buch aufgenommen, die Wölfe in Forschungsvorhaben oder an Menschen gewöhnte Wölfe zeigen. Alle Photos geben das Verhalten von Wölfen genau wieder.

Sollten die Fragen, die ich während meines Umherstreifens mit den Wölfen aufgeworfen habe, Sie zu weiteren Fragen über Ihr Verhältnis zu den Wölfen anregen, dann haben sich die vielen Stunden gelohnt, die ich alleine verbracht habe.

Jim Brandenburg

Vorwort von Canis lupus

Seit Sonne und Mond das Licht machen, kenne ich dich. Ich habe dich aus dem einst riesigen, undurchdringlichen Wald beobachtet. Ich war Zeuge, wie du Feuer und merkwürdige Werkzeuge erfandest. Von Bergkämmen aus sah ich dich jagen und beneidete dich um deine Beute. Ich habe die Reste deiner Mahlzeiten gegessen und du die meinen.

Ich habe deine Lieder gehört und deine tanzenden Schatten um helle Feuer gesehen. Zu einer Zeit, die so weit zurückliegt, daß ich mich kaum erinnere, schlossen sich euch einige von uns an und saßen mit am Feuer. Wir wurden Mitglieder eurer Rudel, jagten mit euch, beschützten eure Welpen, halfen euch, fürchteten euch, liebten euch.

Wir haben eine lange Zeit miteinander verbracht. Wir waren uns sehr ähnlich. Daher haben euch die Zahmen adoptiert. Ich weiß, daß einige unter euch mich, den Wilden, respektierten. Ich bin ein guter Jäger. Auch ich habe euch respektiert. Ihr wart gute Jäger. Ich habe euch beobachtet, wie ihr zusammen mit den Zahmen im Rudel gejagt und Fleisch erbeutet habt.

Damals herrschte kein Mangel. Damals gab es nur wenige von euch. Damals waren die Wälder groß. In der Nacht heulten wir zu den Zahmen. Einige kamen zurück, um mit uns zu jagen. Einige fraßen wir, denn sie waren uns sehr fremd geworden. So ging es eine lange Zeit.

Es war eine gute Zeit. Manchmal habe ich dich bestohlen, so wie du mich. Erinnerst du dich, als du hungertest, der Schnee tief lag, und du das Fleisch gegessen hast, das wir getötet hatten? Es war ein Spiel. Es war eine Schuld. Manche mögen es ein Versprechen nennen.

Wie viele der Zahmen, sind uns die meisten von euch sehr fremd geworden. Jetzt erkenne ich einige der Zahmen nicht mehr. Jetzt erkenne ich einige von euch nicht mehr. Einst waren wir so ähnlich. Du hast auch das Fleisch zahm gemacht. Als ich damit anfing, dein zahmes Fleisch zu jagen, hast du mich gejagt. Ich verstehe das nicht. Ich sah, daß deine Rudel größer wurden und gegeneinander kämpften. Ich habe deine großen Schlachten beobachtet. Ich tat mich gütlich an denen, die liegen blieben. Da jagtest du mich noch mehr. Ich verstehe das nicht. Sie waren Fleisch. Du hast sie getötet.

Wir Wilden sind nicht mehr viele. Du hast die Wälder klein gemacht. Du hast viele von uns getötet. Aber ich jage noch und füttere unsere versteckten Welpen. Das werde ich immer tun. Ich frage mich, ob die Zahmen, die mit dir leben, eine gute Wahl getroffen haben. Sie haben den Geist verloren, in der Wildnis zu leben. Sie sind zahlreich, aber sie sind fremd. Wir sind wenige. Noch immer beobachte ich dich, daher kann ich dich meiden.

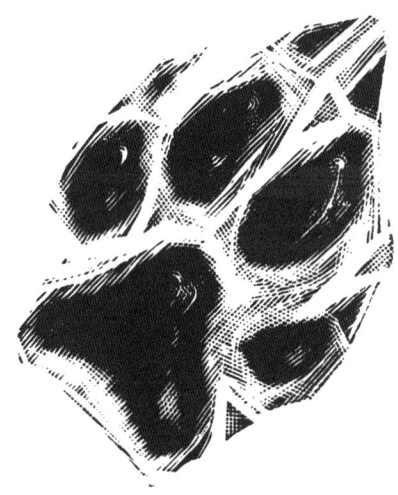

Ich glaube, ich kenne dich nicht mehr.

zehn

Ein Ravenwood-Wolf – flüchtig wie ein Schatten.

elf

Wölfe und Ravenwood

Ein Geräusch in der Dämmerung schreckte mich auf. Ich drehte mich um und sah zwei Tiere den Zufahrtsweg zu meiner Hütte hochstürmen, direkt auf mich zu.

Überrascht und mit dem Gefühl völliger Wehrlosigkeit erstarrte ich neben meiner halbfertigen Hütte, an der ich bis in die Abenddämmerung gearbeitet hatte. Für eine Reaktion blieb keine Zeit. Die Tiere kamen näher, ihre Umrisse wurden deutlicher. Angst und Verwunderung schnürten mir die Kehle zu. Luchse?

Wölfe!

Wenn wir überhaupt noch über einen Instinkt unserer Ahnen verfügen, dann ist es der 'Kämpfe-oder-Flieh' Reflex, der uns das Adrenalin in die Adern treibt. Ich fühlte, wie sich mein Körper auflud und anspannte. Dann glitt ein Lächeln über mein Gesicht und ein befreiendes Lachen löste den Klumpen in meinem Hals. Die beiden 'blutrünstigen' Bestien, die da auf mich einstürmten, waren halbwüchsige Wolfswelpen. Sobald sie mich entdeckt hatten, stoppten sie abrupt und kamen schlitternd in einem Fellwirbel auf Welpenpfoten zum Stehen.

Jeder, der das große Glück hatte, Wölfe beobachten zu dürfen, ist erstaunt über deren große Ähnlichkeit mit Haushunden. Diese beiden naiven Welpen starrten mich einen Augenblick lang mit fragenden Augen an, wie Schafe den Schwanz zwischen die Beine geklemmt und die Ohren angelegt. Wie bei

jungen Hunden ließ ihre Aufmerksamkeit rasch nach, die Wolfswelpen vergaßen mich und begannen zu balgen und zu spielen – genau wie Hunde. Sie rasten den Hügel hinauf und herab, zerrten aneinander, sprangen sich gegenseitig über den Rücken und heulten mit hochgereckten Hinterteilen und an den Boden gedrückten Köpfen.

Während ich noch die flitzenden, sich herumwälzenden Kugeln aus Wolfsfell beobachtete, die im schwindenden Licht auf meiner Zufahrt herumsprangen, erschien schweigend ein weiterer Akteur auf der Bildfläche. Ich weiß nicht, wie lange er schon dort gestanden hatte, als ich jedoch ein Winseln hörte und den Hügel hinauf sah, zeichnete sich die Silhouette eines weiteren Wolfes gegen den dunklen Himmel ab. Dieses Tier war ausgewachsen und trabte nervös am Waldrand hin und her, kaum zehn Meter von mir entfernt. Offensichtlich sorgte sich der Wolf um die Sicherheit der Jungen, die sich weiterhin vor meinen Augen balgten.

Ich war verblüfft, wie viele unterschiedliche, ängstliche Winsellaute der Wolf hervorbrachte, um die Aufmerksamkeit der Welpen zu erregen. Ich werde wohl nie erfahren, ob es die Mutter war oder ein erwachsenes Tier, das auf die Jungen aufpassen sollte. Die Sorge, bei seinen Pflichten versagt zu haben, war jedoch der Stimme des Wolfes anzuhören. Obwohl ich so dicht bei den Welpen stand, drohte er mir weder mit der Stimme noch mit Bewegungen. Seine Reaktion auf mich war in der Tat genau das Gegenteil: Er wollte die Welpen nur ohne großes Aufsehen wegrufen.

Während ich die Welpen und den erwachsenen Wolf im Auge behielt, bewegte ich mich vorsichtig auf meine Ausrüstung zu und suchte nach einer Kamera. Kameras hatte ich dabei, auch jede Menge Filme, mußte aber enttäuscht feststellen, daß ich den Blitz vergessen hatte. Völlig niedergeschlagen griff ich nach einem Tonbandgerät und schlich leise zurück zu den Welpen, um wenigstens einige Tonaufnahmen zu machen. Der alte Wolf war beinahe außer sich, er rannte hin und her und beschwor die Welpen, zu ihm zu kommen. Ich heulte den Wolf an und er antwortete mir. Sein Geheul lud die Nachtluft elektrisch auf. Wir unterhielten uns, ohne daß ich verstand, was wir sagten.

Aufregend? Kurz vor meiner Arbeit über die weißen, arktischen Wölfe von Ellesmere Island war dies die bei weitem engste Begegnung mit Wölfen, die ich jemals hatte. Ich war entzückt, gleichzeitig aber wütend und frustriert. Hier stand der weitgereiste Photograph, erwischt ohne ein Blitzlicht. Meine Enttäuschung war grenzenlos.

Die ganze Angelegenheit dauerte zehn oder fünfzehn Minuten. Ich entspannte mich, während die Welpen friedlich weiter balgten und war geschmeichelt, daß sie mir zu trauen schienen. Dann, genau wie Hundewelpen, wurden die Wolfswelpen müde. Und wie ein Hund, dessen Hörvermögen schlagartig 'wiederkehrt', nachdem er mehrfach gerufen wurde, antworteten die Welpen nunmehr dem flehenden Alttier. Auf ihren viel zu großen Pfoten tapsten die beiden den Hügel zu ihm hinauf, und die drei Wölfe verschwanden in der Nacht.

Ich konnte beinahe hören, wie der alte Wolf vor Erleichterung seufzte.

Dieser erste Zwischenfall mit Wölfen in Ravenwood bestärkte mich wesentlich darin, eine gute Wahl getroffen zu haben, gerade hier über die Wölfe zu

An ihrem Treffpunkt stimmen die Wolfswelpen ein kräftiges Geheul an.

Ein einsamer Wolf hält Verbindung zu seinem Rudel.

fünfzehn

sechzehn

siebzehn

Die Randbezirke von Ravenwood – Die Wildnis der Grenzgewässer

achtzehn

arbeiten. Ich wußte, es mußte ein Ort sein, der noch immer sehr ursprünglich war, wußte aber auch, daß ich ein Standquartier brauchte.

Tiere zu photographieren, ist stets eine mühsame Angelegenheit. Manchmal ist man einsam, aber immer ist die Arbeit intensiv. Einige Tiere lassen sich jedoch leichter auf Film bannen als andere. So versammeln sich manche Tiere stets zu bestimmten Zeiten an denselben Orten. Andere sind einigermaßen berechenbar und tolerieren den Photographen eher. Wölfe zu photographieren, schafft ein ganzes Bündel besonderer Probleme, daher entstehen die meisten Aufnahmen mit gefangenen Wolfsrudeln, die in natürlicher Umgebung gehalten werden.

Wölfe sind zu selten, um zufällig auf sie zu treffen, und zu wachsam, um auf gängige Photographentricks hereinzufallen. Timberwölfe verbergen sich meistens im Dickicht der Bäume. Selbst flüchtige Begegnungen sind selten. Sie sind verschlossen und bleiben geheimnisvoll, und ihr Leben erschließt sich dem Beobachter oft nur über ihre Spuren die sie im Schnee hinterlassen. Wölfe draußen in den Wäldern zu photographieren war aber meine Leidenschaft, vielleicht sogar ein innerer Zwang, daher hatte ich lange darüber nachgedacht, wie ich vorgehen könnte.

Berücksichtigt man die Reviergröße eines Rudels und rechnet sich die Chancen aus, es darin auch tatsächlich zu finden, so war mir klar, ich brauchte eine andere, bessere Methode. Vor Jahren hatte ich fast den ganzen Winter in der Wildnis von Minnesota verbracht, um Wölfe zu photographieren, und war gescheitert. Obwohl der U.S. Forest Service mir mitsamt meiner Campingausrüstung und Vorräten für zwei Monate in eine Region gefolgt war, wo drei Rudel umherstreiften, gelang mir nicht eine einzige, selbst unscharfe Aufnahme – von einer Geschichte ganz zu schweigen. Auf diese Weise vorzugehen, war von vornherein zum Scheitern verurteilt. Seit damals hatte jedoch eine neue Methode in meinen Gedanken Form angenommen.

Zum Glück lag Ravenwood mitten im Wolfsland, und mein zufälliges Erlebnis mit den Welpen zeigte mir, ich war auf der richtigen Spur. Der beste Ansatz schien mir zu sein, mich gewissermaßen mitten auf dem Weg niederzulassen, auf dem sie durch ihr Revier zogen. Mit Zeit, Geduld und einer gehörigen Portion Glück sollte ich eigentlich hin und wieder genau am richtigen Ort sein. Es war ohnehin schon immer meine Überzeugung, man müsse seinem Glück durch harte Arbeit nachhelfen. Ravenwood schien mir die Möglichkeit zu bieten, es zu schaffen.

Die Region rund um Ravenwood gehört zu den großartigsten Naturlandschaften der Erde. Nordost-Minnesota liegt auf dem Kanadischen Schild, der riesigen Granit-Scholle des östlichen Nordamerika. Durch das Kommen und Gehen der Gletscher wurde die Oberfläche wiederholt abgeschabt und eingeschnitten, bis die uralte Erdkruste bloß lag, als sich vor etwa 12.000 Jahren die letzten Gletscher zurückzogen. Es ist ein steiniges, knochenhartes Land mit Felsgraten und ursprünglichen Mooren. Die Wälder sind dicht, undurchdringlich und unermeßlich groß. Eines jedoch macht sie passierbar. Es ist ein Seenland.

Tausende von Seen, die geschmolzenen Überreste der Gletscher, verbunden durch Dutzende von Flüssen, ziehen sich glitzernd durch die Landschaft.

zwanzig

Diese Wasserstraßen, die man entweder im Sommer mit dem Kanu befahren oder auf dem Eis des langen Winters überqueren kann, ermöglichen das Reisen.

Hügel und Täler sind von borealem Nadelwald bedeckt. Dunkle Kiefern, Fichten und Tannen recken sich spitz gegen den Himmel, angereichert durch die vielgestaltigen Blätter von Espen, Birken und Ahorn. Elche streifen durch die Wälder. Es ist noch gar nicht so lange her, da fraßen Wald-Karibus in den Banks-Kiefern-Wäldern und galoppierten über zugefrorene Seen. Nachdem die Holzbarone Amerika aufgebaut und viel Geld damit gemacht hatten, die gesamte Region kahlzuschlagen, zog der Sekundärwald Weißwedelhirsche an.

Obwohl mehr als die Hälfte des ursprünglichen Waldes abgeholzt wurde, und die Karibus verschwunden sind, repräsentiert das Gebiet um Ravenwood die letzten Überbleibsel des einstmals scheinbar endlosen östlichen Waldes. Direkt nördlich meines Grundstücks, entlang der Grenze von Minnesota und Ontario, liegt die 'Boundary Waters Canoe Area Wilderness', ein staatlich geschütztes Waldgebiet von etwa 400 km². Auf der kanadischen Seite grenzt an dieses Gebiet der geschützte 'Quetico Provincial Park', weitere 400 km² Wildnis. Zieht man auf der Karte eine Linie zwischen Ravenwood und dem Nordpol, kreuzt sie nur zwei ost-westlich verlaufende Hauptstraßen.

Der Gedanke an diese weite Wildnis zwischen mir und der Arktis machte mir gleichzeitig Angst und Mut. Genau wie ich mir als Junge die Prärie vorstellte – vor dem Eintreffen der europäischen Siedler – so bin ich als Mann zu der Erkenntnis gelangt, daß die Wildnis Bestand hat, trotz der sich gegenwärtig epidemisch ausbreitenden Zivilisation.

Hier haben die Wölfe überlebt. Dank der Wildnis, die wie ein Puffer bis zur Arktis reicht, blieb der genetische Fluß der wilden Tiere ungestört. Es ist

durchaus möglich, daß in dieser Region heute mehr Wölfe leben als noch vor 100 Jahren. Der neu eingewanderte Weißwedelhirsch ist wahrscheinlich zahlreicher vertreten als früher das Karibu, insbesondere in den Regionen südlich und westlich des Schutzgebietes, wo regelmäßiger Holzeinschlag Jungwald hochkommen läßt, neuer Lebensraum für den Weißwedelhirsch. Wölfen ist es ziemlich egal, welche Art sie fressen, daher haben sie ihre Sache gut gemacht, sich von einem Hirsch auf den anderen umzustellen. Und mit der Zahl der Beutetiere nahm auch die Zahl der Wölfe zu.

Natürlich trugen auch andere Faktoren dazu bei. Wie anderswo auch, wurden die Wölfe in Minnesota verfolgt und verleumdet. Noch bis 1965 gab es eine Prämie für jeden Abschuß. 1966 wurden sie als bedrohte Art eingestuft, es dauerte aber noch bis 1974, ehe sie vollständig geschützt wurden. Damals streiften rund 1000 Wölfe durch die Wälder Minnesotas. Nach neueren Schätzungen dürften vielleicht wieder 2000 in den nördlichen Wäldern jagen. Außerdem dehnten sie ihr Verbreitungsgebiet nach Süden und Westen aus, ein Beleg dafür, daß das Schutzprogramm funktioniert hat.

Mein Glück, Ravenwood zu erwerben, fiel zeitlich mit der Zunahme der Wolfsbestände zusammen. Da die Tiere seit mehr als 20 Jahren weder gefangen noch abgeschossen worden waren, glaube ich, daß sie weniger Furcht vor den Menschen empfanden, und sie etwas zugänglicher wurden.

Vor Jahren, ich war noch College-Student, fragte ich den Wolfsforscher Milt Stenlund vom Umweltministerium in Minnesota, wie ich wohl vorgehen müsse, um Wölfe zu photographieren. Seine Antwort fiel höflich und professionell aus. Heute, da ich viel von meiner Naivität verloren habe, ist mir klar, er versuchte ehrlich zu sein, ohne mir meine Illusionen zu nehmen. Offensichtlich glaubte er, mein Vorhaben sei undurchführbar. Er erzählte mir von erfahrenen Waldläufern, die ihr Leben lang im Wolfsland zugebracht und dabei nur ein oder zwei mal flüchtig Wölfe gesichtet hatten, und daß ich meine Erwartungen nicht zu hoch schrauben sollte. Obwohl mir kaum das gesamte Ausmaß seiner Skepsis deutlich gewesen sein dürfte, etwas davon erahnte ich bereits.

Seinerzeit bestärkten mich seine warnenden Worte noch in meinem Entschluß. Je mehr ich darüber nachdachte, wie schwierig mein Vorhaben sein würde, desto stärker fühlte ich mich herausgefordert. Schon immer neigte ein Teil von mir dazu, Zweifler zu widerlegen, obwohl ein anderer Teil von mir stets selbst Zweifel hegte. Ich begann an eine, zumindest kleine, Erfolgschance zu glauben.

Ich bin lange und gründlich suchend umhergewandert, ehe ich mich für den Standort meiner Ravenwood-Hütte endgültig entschied. Ich wollte einen Platz, der den Naturhaushalt des Landes und der darin lebenden Tiere nicht stört, ich brauchte einen Ort, der die Tiere zwangsläufig zu mir führen würde.

Auf meinem Grundstück fließt ein kleiner Bach. Über weite Strecken windet er sich ruhig durch Moore und Wälder nach Norden und Westen auf das Gebiet der größeren Seen zu. Das Wasser dieses Baches dürfte wohl nirgends auf seiner Reise einen bezaubernderen Fleck durchfließen als jenen, den ich für den Bau meiner Hütte ausgewählt hatte. Nachdem er durch eine kleine Stromschnelle geschossen ist, fällt der Bach in einem Wasserfall 6 m in die Tiefe und plätschert geräuschvoll in eine dunkle Senke. Als ich mein neues Land erkundete, stieß ich in der Nähe des Ufers auf die Schlafstätten zweier Elche. Ich entschloß mich, meine Hütte genau dort zu bauen, wo die beiden sich ausgeruht hatten. Ich wollte sie dem Hang anschmiegen, sie in eine Geländestufe einfügen und die Hütte nicht auf einen planierten Untergrund setzen. An dieser Stelle hätte ich stets die Schönheit des Wasserfalls vor Augen und könnte sein tröstliches Rauschen hören. Außerdem hatte es den Vorteil, daß er jedes menschliche Geräusch und die klickende Kamera übertönen würde, wenn ich die Tiere um mich herum photographierte.

Zwei sehr scheue, dennoch soziale
Lebewesen, sind eine bemerkenswerte,
symbiotische Gemeinschaft eingegangen.
Der Rabe, beweglich und intelligent,
beobachtet vom Himmel aus.
Dann scheint er die Wölfe herbeizurufen,
um ein geschwächtes Tier zu jagen,
wie einen schwachen Elch oder
Weisswedelhirsch, oder um einen Kadaver
zu öffnen. Diese beiden Tiere gehören
zu den intelligentesten in Nordamerika.
Sind sie auch Partner eines uralten Paktes?

Meine Hütte im Ravenwood.

sechsundzwanzig

Bei der Auswahl des Standortes für meine Hütte spielte neben der Ästhetik ein praktischer Gesichtspunkt eine Rolle. Bäche und Flüsse graben Korridore in die Landschaft, denen Wildtiere zumeist folgen. Wenn hier Beutetiere durchzogen, dann war sicherlich auch mit Wölfen zu rechnen. Außerdem lag oberhalb des winzigen Bachtals unter Weymouths- und Rotkiefern ein Stück nackter Fels frei. Gelegentlich schleppte ich überfahrene Tiere an diese Stelle, weil ich die durchziehenden Wölfe ermutigen wollte, hier eine Pause einzulegen. Dies geschah nur sporadisch im Winter und häufig durch Monate getrennt. Ich wollte vermeiden, die Wölfe an regelmäßiges Futter zu gewöhnen, ähnlich den Bären, die gerne Abfallhaufen durchsuchen. Sollten jedoch die Wölfe, zu deren Revier Ravenwood gehörte, hier gelegentlich Nahrung finden, würden sie sich daran erinnern. Vielleicht rasteten sie hier auf ihrer Wanderung, insbesondere, wenn sie sich auf meinem Land sicher fühlten. Tauchten sie dann wirklich auf, könnte ich sie durch die speziellen, optischen Glasfenster photographieren, die ich an strategisch günstigen Stellen in die Hüttenwand eingelassen hatte.

Endlich könnte ich viele Stunden lang, wie ein Scharfschütze hinter seinem Tarnnetz, auf die Wölfe warten. Tagelang würde ich mich nicht herauswagen, aus Furcht, die Wölfe zu vertreiben. Sobald sie sich jedoch in der Nähe der Hütte in Sicherheit fühlten und sich an meine Gegenwart gewöhnt hätten, hoffte ich, sie würden mir gestatten, ihnen in den Wald zu folgen. Sie an die Umgebung der Hütte zu gewöhnen, erleichterte mein Vorhaben, ihre Fährten aufzunehmen. Sobald ich wüßte, wie und wohin sie wanderten, stiegen meine Aussichten, sie abseits der künstlichen Umgebung meiner Hütte zu studieren.

Ich erwartete nicht wirklich, daß andere Wölfe ebenso zutraulich sein würden wie die Welpen. Mit etwas Glück sollte ich jedoch in der Lage sein, die Wölfe der nördlichen Wälder zu beobachten und zu photographieren – genauso, wie mir dies mit den weißen Wölfen der Arktis gelungen war.

Im Jahr 1981 beauftragte mich die US-Post damit, zehn Briefmarken zu entwerfen. Ich sollte zehn Tiere auswählen und photographieren, alles bekannte und beliebte Großtiere wie Bären und Dickhornschafe. Als ich meine Entwürfe einreichte, wurden neun davon herzlich und begeistert begrüßt. Eines stieß jedoch auf eisige Ablehnung. Ich hatte einen Wolf porträtiert.

Tief in der Höhle des bürokratischen Löwen von Washington D.C. machte man mir unmißverständlich klar, daß eine Briefmarke, die solch ein 'negatives' Tier zeige, zu umstritten wäre. Die Post, so sagte man mir, wolle nichts mit der Unterstützung für den Wolf zu tun haben. Der Entwurf wurde abgelehnt, und man wies mich an, etwas weniger Anstößiges vorzulegen. Beim zweiten Anlauf entsprach ich gerade noch ihren Vorstellungen, als ich einen weiteren blutrünstigen Killer, den Berglöwen, einreichte.

Es kam mir seltsam vor. Die amerikanische Öffentlichkeit hatte damals begonnen, sich für die Umwelt zu engagieren. Die Menschen kümmerten sich um den Schutz einiger Arten. Sie unterstützten den Schutz von Naturlandschaften. Vielleicht spiegelte das Verhalten der Post nur die Einstellung vieler Menschen damals (und die einiger noch heute) wider: Schützt die niedlichen Tiere. Schützt Bäume und Landschaft. Letzten Endes ist die Natur gütig. Natur ist eine Art Tierpark. Natur ist friedlich. Jedes Tier, das die heitere Ruhe des Parks stört, muß ein sehr böses Tier sein.

Diese schwarze Form heisst lokal 'Sibirischer Wolf'.

achtundzwanzig

Raubtiere pirschen aber nun einmal durch solch geschützte Naturlandschaften. Sie jagen und töten. Es gibt Gewalt und Tod, jedoch niemals sinnlos oder bedeutungslos. Wer den Schutz der Natur will, muß auch diese Verhaltensweisen schützen. Schließlich liegt in der Entstehung des Lebens aus dem Tod das eigentliche Wesen der Natur.

Aber wir fürchten den Tod, daher müssen Tiere, die ihn bringen, böse sein. Ich zweifle daran, daß die Beamten der Post diese Zusammenhänge gründlich durchdacht haben, habe aber keinerlei Zweifel, daß unsere lange geschürte Furcht die unbewußte Basis für ihre Entscheidung war. Die Zeit des Wolfes war noch nicht gekommen. Ja, er wurde geschützt. Aber er wurde nicht geliebt.

Diese Wolfswelpen zu fürchten oder zu hassen, wäre falsch gewesen. Ich wußte das und wußte es schon immer. Die schlichte Wahrheit für diese Welpen war: Sie würden heranwachsen und Hirsche fressen. Dafür brauchten sie sich ebensowenig zu entschuldigen wie ich.

Ich hatte nicht vor, als nüchterner Wissenschaftler in die Wälder zu gehen, Fährten und Zähne zu messen und Kothaufen zu untersuchen, sondern als durch und durch leidenschaftlicher Beobachter. Ich wollte dieses Land kennenlernen, sehen, wie es funktionierte und die Rolle des Wolfes darin verstehen.

Das ist ohne Leidenschaft nicht möglich, denn in der Wildnis liegt Wahrheit, und die Wahrheit der Natur ist voller Leidenschaft. Die Natur ist voll von Hetzjagd und Flucht, von Beute und Tod, Blut und Geburt. Wenn wir solche Dinge fürchten, ist es kein Wunder, daß wir auch den Wolf über Jahrzehnte gefürchtet haben. Er ist die Wahrheit der Natur. Er ist unsere Wahrheit.

Die Zeit des Wolfes war endlich gekommen.

Zwei Truthahngeier warten, bis sie an die Beute dürfen.

Der Jäger

Ich arbeitete mich unter dem vollen Gewicht meiner Ausrüstung auf Schneeschuhen vorwärts und genoß die ersten dampfenden Atemzüge in der eisigen Wildnis. Während ich in einen tierähnlichen

Rhythmus verfiel, war mein Wagen nur noch als ein Pünktchen hinter mir am Ufer des gefrorenen Kawishiwi-Sees zu sehen.

Wieder in die Wildnis von Minnesota einzutauchen und Fährten im frischen Schnee zu folgen war mehr als ein vergnüglicher Zeitvertreib. Wenn ich mich über eine frische Spur beugte, wühlte das tief in mir etwas auf. Es war die Erinnerung an eine Zeit, die älter war als ich. Ein Relikt als Erbe der Menschheit. Ich überließ mich der Intensität dieser Gefühle.

Den ganzen Tag über war ich auf Wolfsfährten gestoßen. Ich sah Spuren auf den Transportwegen und andere auf den zugefrorenen Seen. Einige Fährten waren alt und im verwehten Schnee kaum zu erkennen. Andere waren frisch – große Pfotenabdrücke in der weißen Landschaft von Minnesota. Sie erzählten Geschichten von Wanderungen und Jagden, Geheimnissen und Erregungen. Jedesmal, wenn ich eine Wegbiegung umrundete, oder aus dem Wald auf die glitzernde Ebene eines zugefrorenen Sees trat, hielt ich inne und hoffte, endlich die Verursacher der Fährten zu erspähen. Über dem Knirschen der Schneeschuhe auf dem Schnee und dem Knarren der Bindungen waren meine Sinne angespannt auf das Ziel gerichtet, Wölfe zu

sehen, zu hören und zu finden. So ließ ich tagsüber Kilometer um Kilometer hinter mir. Je weiter ich in die Wildnis eindrang, desto mehr Anzeichen der Wölfe waren zu sehen. Das war ein gutes Omen. Ich entschloß mich, mein Winterlager zwischen den dunklen Nadelbäumen aufzuschlagen, die mir in der Nacht Schutz vor dem Wind boten und jeglichen Neuschnee abhalten würden.

Mein Rücken schmerzte. Ich verschob den Rucksack, um die Tragriemen zu lockern, die zu lange auf eine Stelle gedrückt hatten, zuckte die Achseln und kreiste mit den Schultern, damit das Blut zurück an jene Stellen fließen konnte, die zu lange nicht durchblutet worden waren. Während ich meinen Rücken durchbog, suchte ich in dem schmutzig-baumwollfarbenen Winterhimmel nach der Sonne.

Der Tag war düster, grau und kalt, und ich hatte nur noch eine Stunde Tageslicht – kaum genug Zeit, um mein Lager aufzuschlagen. Die eisige Kälte war bereits in meine verschwitzte Kleidung eingedrungen, als ich auf den Wald zuschlurfte. Ich suchte nach einem geschützten Platz unter Fichten und Kiefern, an dem ich die Nacht verbringen konnte.

Ein Winterlager zu errichten, ist eine zeitaufwendige Sache, denn bei zehn Grad unter Null muß alles besonders sorgfältig geschehen. Das Errichten des Zeltes geht nur langsam voran, die Finger erfrieren rasch, Reißverschlüsse und Schnallen werden widerspenstig. Kochen scheint ewig zu dauern, und man muß eine Menge Feuerholz sammeln. In der Dämmerung, ich war fast fertig mit meiner Arbeit, erschienen sie. Ich konnte sie in der Dunkelheit nicht sehen, aber sie waren in der Nähe. Ein Chor aus Wolfsgeheul zerschnitt die eisige Luft; ich stand starr vor Begeisterung. Ich lauschte und versuchte, sie mir im Wald vorzustellen. Schließ deine Augen. Siehst du sie? Ihre Köpfe sind zurückgelegt, die Augen geschlossen, die Schnauzen hochgerichtet und leicht geöffnet, umrahmt von schwarzen Lippen. Ihr Geheul müßte dampfend in der kalten Luft zu sehen sein. Wie viele sind da draußen? Es hört sich an, als wäre der Wald voll von Wölfen. Sicher gehören mindestens 10 bis 15 zu diesem Rudel.

Wölfe haben ein wunderbares Talent, in unterschiedlichen Tonlagen zu heulen. Jeder Wolf beansprucht eine ganz spezifische Tonhöhe, um anders als die Stimme eines Rudelmitgliedes zu klingen. Dank dieser Fähigkeit haben Menschen und, wie ich annehme, auch andere Wolfsrudel den Eindruck, daß eine große Anzahl Wölfe da ist. Vor allem Menschen lassen sich leicht täuschen. Fast immer, nachdem sie Wolfsgeheul gehört haben, stellen sie sich ein großes Rudel vor. In der harten Welt der Natur aus Täuschung und Angriff ist es für Tiere stets von Vorteil, größer oder zahlreicher zu erscheinen. So etwas nur mit der Stimme zu erreichen, grenzt für mich an ein Wunder.

Der Chorgesang hielt noch ein paar Momente an. Als ich in den dunklen Westen starrte, in die Richtung der Geräusche, hörten die Wölfe plötzlich auf und ließen mich mit einem sehnsüchtigen Gefühl von Ehrfurcht zurück. Ich sah auf meine Uhr. Erst sieben Uhr in der langen Winternacht! Wie ein Kind, das das Warten bis zum Weihnachtsabend kaum noch aushält, sehnte ich mich nach der heraufziehenden, fernen Morgendämmerung, wenn ich die Fährte finden und ihr folgen könnte. Diese Nacht würde quälend lang werden.

fünfunddreißig

Ich war früh auf. Westlich gehend, fand ich die Fährte der Wölfe schon einige Minuten, nachdem ich mein Lager verlassen hatte und folgte ihr. Wenig später stieß ich auf eine Stelle, an der sie einen Elch gerissen hatten. Ich hielt an, um keine der Spuren vor mir zu zerstören. Ich war neugierig darauf zu erfahren, was sich hier abgespielt hatte. Sorgfältig untersuchte ich die Spuren der Wölfe und erkannte, daß ich sie überrascht haben mußte, während sie den Kadaver sauber fraßen. Die Fährten bewiesen eindeutig, daß sie überstürzt aufgebrochen waren, als sie mich kommen sahen oder hörten. Belauerten sie mich etwa immer noch, gerade außerhalb meines Gesichtsfeldes?

Mein 'Wald voller Wölfe' waren nicht mehr als fünf Tiere, wie ich an den eingedrückten Stellen neben dem Elchkadaver zählen konnte. Ich richtete meine Aufmerksamkeit auf den Elch, oder was davon noch übrig war. Bis auf die Knochen und die Haut war er gänzlich aufgefressen. Ich war beeindruckt. Ein Minnesota-Elch wiegt zwischen 220 und 450 Kilogramm, und die Tatsache, daß fünf Wölfe ihn in so kurzer Zeit gänzlich verzehren konnten, ist erstaunlich – selbst wenn sie mehrere Tage daran gefressen hatten, und dabei vielleicht von Raben unterstützt wurden. Das Elchskelett war noch völlig intakt, als sollte es in einem Museum aufgestellt werden – die Rippen an der Wirbelsäule, der Kopf am Hals – aber an keinem der Knochen saßen noch Reste von Fleischfasern. Hätte man den Kadaver einem Schwarm Piranhas im Amazonas vorgeworfen, wäre er kaum sauberer gewesen. Selbst die Haut schien gänzlich intakt zu sein, sie sah aus, als ob die Wölfe sie dem Elch abgezogen hatten. Die Haut war samt aller Knochen teilweise um einen nahen Baum gewickelt.

Obwohl ich die Wölfe meiner Träume noch immer nicht gesehen hatte, waren sie schließlich real geworden. Ich hatte sie gehört und erstmals eine Stelle entdeckt, an denen sie ihre Opfer töten – in den kommenden Jahren sollte ich noch viele dieser Plätze finden. Die Wölfe waren so nahe, daß ich sie beinahe fühlen konnte.

siebenunddreißig

Der erste Winter für die jungen Wölfe.

achtunddreißig

Ich schloß die Augen und spürte einen Augenblick lang die Erregung der Jagd und die Todesangst des Elches. Ich konnte das Keuchen des Rudels hören, das Trommeln der Hufe eines zentnerschweren Körpers auf dem zugefrorenen See. Dann, als ein Wolf seine Kiefer in den sich sträubenden Elchkörper versenkte, verschmolzen die beiden Tiere miteinander, wurden eins. Der Tod des einen sicherte das Überleben des anderen Tieres; Leid und Glück.

Ich öffnete meine Augen und griff nach der Kamera.

Schau in die Augen eines Wolfes. In seinem gelben, starren Blick wirst du, neben anderen Dingen, ausgeprägte Intelligenz sehen. Eben diese Intelligenz macht den Wolf zum gewaltigen Jäger. Seine außerordentliche Fähigkeit zu jagen, brachte die Menschen dazu, den Wolf zunächst zu bewundern, dann zu hassen.

Dank seiner Intelligenz ist der Wolf fähig, ein Sozialgefüge zu entwickeln, so daß er große Tiere jagen kann. Nur mit Hilfe der gemeinschaftlichen Jagd schaffen es Wölfe, Tiere erfolgreich anzugreifen und zu töten, die so groß sind wie die Elche in Minnesota oder die Moschusochsen auf Ellesmere Island. Der heute ausgestorbene Wolf der großen Prärien lebte einst vom Bison, dem größten landlebenden Säugetier des Kontinents.

Im Unterschied dazu versucht der nahe Verwandte des Wolfes, der Kojote, nur selten Tiere zu töten, die größer sind als er selbst. Sogar ein 70 kg schwerer Weißwedelhirsch darf sich vor Kojoten ziemlich sicher fühlen (obwohl es Ausnahmen gibt, und Kojoten manchmal Hirsche töten). Der Grund ist ganz einfach. Kojoten jagen in der Regel allein. Nur selten habe ich sie paarweise jagen sehen. Daher darf die Beute eines Kojoten nur so groß sein, daß sie von einem einzigen Tier überwältigt werden kann. Nichtsdestoweniger füllt der Kojote seine ökologische Nische auf dem amerikanischen Kontinent so erfolgreich aus, daß er sein Verbreitungsgebiet ausweitet, obwohl er seit

Ein Hakengimpel.

Ein wachsamer Kojote wartet auf seinen grösseren Cousin, den Wolf.

vierzig

Jahrzehnten als Schädling verfolgt wird. Kojoten sind eben nicht nur sehr gewandt beim Aufspüren kleiner Beute, sondern ebenso geschickt, Menschen zu meiden.

Der Eiszeitwolf, einst verbreitet auf dem amerikanischen Kontinent, starb gegen Ende der letzten Eiszeit aus (vor etwa 10.000 Jahren). Er war etwas größer und stämmiger als der heutige 'echte Wolf'. Vermutlich ernährte er sich vorwiegend von größeren Tieren der Eiszeit, die gleichfalls ausgestorben sind. Weder der Wolf noch seine Beute konnten sich schnell genug dem neuen, wärmeren Klima anpassen. Genetisch stehen Kojote und Eiszeitwolf gleichweit vom echten Wolf entfernt, und alle drei existierten während der letzten Vereisungsphase nebeneinander – jeder in seiner eigenen ökologischen Nische. Obwohl es niemand wirklich weiß, nehmen Wissenschaftler an, daß dem Eiszeitwolf die kooperative Sozialstruktur des modernen Wolfes fehlte. Daher konnte er nicht die Beutetiere erlegen, von der sich Wölfe damals und noch heute ernähren. Wenn das stimmt, beweist es, daß ein Gehirn den Muskeln überlegen ist. Obwohl er kein kooperativer Jäger ist, besitzt auch der Kojote eine wache Intelligenz und hat sich gut an die moderne Welt angepaßt.

Natürlich wäre es möglich, daß der Eiszeitwolf noch immer unter uns ist, seine Gene könnten im grauen Wolf aufgegangen sein, der zur Zeit der Gletscherschmelze weit verbreitet war. Kojoten und Wölfe sind untereinander fruchtbar, daher haben sich möglicherweise auch Eiszeit- und graue Wölfe vermischt, als ersterer ausstarb und sich letzterer ausbreitete. Alaska-Wölfe unserer Zeit, die größten in Nordamerika, sind nicht viel kleiner als der Eiszeitwolf der Vergangenheit.

Die Vorstellung, daß sich die Mitglieder der Hundefamilie untereinander kreuzen, beunruhigt einige Wolfsschützer und -forscher. Sie fürchten, daß ein Tier, das nicht ganz Wolf ist (und damit in vielen Regionen als bedrohte Art geschützt ist), als Kojote gilt, der ohne Einschränkung getötet werden darf. Wer jedoch abstreitet, daß sich die beiden Arten in der Tat paaren, unterschlägt eine wichtige Facette der Flexibilität der Natur – noch mehr Wasser auf die Mühlen der dunklen und komplizierten 'Wolfspolitik'.

Ich glaube, daß überall dort, wo sich die Verbreitungsgebiete der beiden Arten überschneiden, gelegentlich auch Kojoten-Wolfs-Bastarde entstehen. Ich habe Tiere gesehen, die ich zu Anfang nicht mit Sicherheit als Wolf oder als Kojote ansprechen konnte – Tiere, die scheinbar die Eigenschaften beider besaßen. Selbst erfahrene Beobachter sind ebenso verunsichert, wenn sie solche Tiere sehen, die die Merkmale beider Arten in sich vereinen. Es gibt Tiere, die sind eindeutig Wölfe und andere sind zweifellos Kojoten. Aber dann...

Stellen sie sich einen jungen männlichen Wolf vor, der aus irgendwelchen Gründen verstoßen wurde. Wie Menschen, die bestimmte Mitmenschen als 'anders' brandmarken, vertreiben Wölfe manchmal einzelne Individuen aus dem Rudel. Dieser junge Wolf lebt allein. Er könnte einem weiblichen, brünstigen Kojoten begegnen, der aus uns unbekannten Gründen bereit ist, sich mit dem Wolf zu paaren.

Solche Paarungen sind keineswegs weithergeholt. Bastarde wie Wolfs-Hunde und Kojoten-Hunde sind eine wissenschaftlich anerkannte Tatsache. Inuits mischen bewußt Wolfsgene unter ihre Schlittenhunde, indem sie eine

Ein Haselhuhn ausser Reichweite seiner Feinde.

Die Fährte, ein Fährtensucher und die Beute. Wölfe sind beständige Jäger, bleiben aber trotz aller Stärke und Fähigkeiten oft erfolglos. Ein gesunder Hirsch – wachsam, schnell und schwer fassbar – entkommt fast immer. Solche Hetzjagden sind die ewigen Überlebenstests der Natur: Der Starke überlebt, der Schwache geht unter.

dreiundvierzig

läufige Hündin zu Stellen bringen, wo sie sich mit Wölfen paaren können. Ebenso tragen Kojote-Wolfs-Nachkommen – ich bin sicher, sie gesehen zu haben – die typischen Merkmale beider Eltern. Sie sind beinahe so groß wie ein kleiner Wolf. Ihre eher zugespitzten und fuchsähnlichen Schnauzen und Ohren stammen wie einige der nervösen Verhaltensweisen vom Kojoten. Vielleicht sind sie nur Launen der Natur. Andererseits könnte aber die natürliche Evolution weitergehen, um den Ansprüchen einer vom Menschen veränderten Welt zu genügen.

In den letzten vier oder fünf Jahrzehnten ist im amerikanischen Nordosten ein Tier aufgetaucht, das aussieht wie ein Kojote, jedoch größer ist. Erschafft die Natur etwa ein neues hundeartiges Raubtier? In diesem Landstrich waren Wölfe angeblich bereits ausgerottet, obwohl es möglich scheint, daß kanadische Wölfe auf gelegentlichen Streifzügen einwandern. Warum sollten Kojoten aus der fehlenden Konkurrenz der Wölfe nicht Vorteile ziehen, größer und wolfsähnlicher sowie fähig werden, sich von der zunehmenden Population der Weißwedelhirsche zu ernähren? Und könnten Wölfe – ein paar eingewanderte oder andere, verborgen in den wenigen, übrig gebliebenen, wilden Landstrichen – nicht andererseits zu ihrem Vorteil kojotenähnlicher geworden sein, d.h. geschickter dabei, den Menschen zu meiden? Könnte die Natur in dem neuen, größeren Kojoten nicht ein Genreservoir geschaffen haben, um damit zumindest Teile des Wolfes zu erhalten?

Ich gebe zu, das alles ist pure Spekulation. Dennoch, aus welchem Grund auch immer, solche Bastardisierungen kommen vor. Die gängige Meinung, Wölfe und Kojoten leben nicht gemeinsam im selben Verbreitungsgebiet, ist falsch. In Ravenwood sehe ich fast täglich Wölfe und Kojoten. Nach meinen Beobachtungen auf zwei Kontinenten gleicht die Beziehung zwischen diesen beiden Raubtieren jener des Schakals zu den großen Raubtieren Afrikas. Ebenso wie Schakale einem Löwenrudel folgen, habe ich ziehende Wölfe gesehen, nur eine Minute später gefolgt von einem Kojoten. Kojoten, die stets einen respektvollen Abstand einhalten, profitieren von den Wölfen, denn sie fressen die Überreste der Beute, sobald die Wölfe abgezogen sind. In Ravenwood kommt dies regelmäßig vor.

Es liegt auf der Hand, daß die Wölfe benachteiligt sind, denn sie haben keine Chance, zurückzukommen und die Reste ihres Risses zu verzehren. Der Kojote profitiert jedoch eindeutig: Er kann nebenbei noch einen Schneeschuhhasen oder ein Haselhuhn reißen und findet so zusätzlich noch etwas zu fressen, nachdem die Wölfe wieder verschwunden sind.

Gelegentlich werden Kojoten in solchen Situationen angegriffen und getötet. Ein Umstand, der zweifellos zu dem Glauben geführt hat, daß die beiden Arten nicht nebeneinander im selben Verbreitungsgebiet koexistieren können. Vermutlich vermehren sich Kojoten ohne die Wolfskonkurrenz stärker, aber sie verschwinden nicht einfach, nur weil Wölfe da sind. Sie werden vorsichtiger. Ich habe beobachtet, wie sich Kojoten einem Kadaver mit fast psychotischer Nervosität nähern, sie ducken sich, legen die Ohren an, kriechen fast am Boden, sind ständig mißtrauisch. Manchmal sitzen sie auf einem Hügel und beobachten einen Kadaver eine halbe Stunde oder länger, ehe sie es wagen, sich zu nähern. Häufig drehen sie ängstlich ab und verschwinden, ohne sich zu nähern, wenn ihnen die Situation nicht geheuer ist.

fünfundvierzig

Ein Wolf ist nur schwerlich zu überraschen.

sechsundvierzig

Gleichwohl habe ich oft Kojoten im Wald gehört, die Wölfe am Riß anbellten und kläfften. Es ist gewagt, menschliche Gefühle auf ein Tier zu übertragen, aber die Kojoten klangen verärgert, vielleicht waren sie von der Anwesenheit der Wölfe frustriert.

Raben reagieren unterschiedlich auf Wölfe und Kojoten. Ich habe regelmäßig Raben gesehen, die gemeinsam mit Wölfen an einem Kadaver fraßen. Gewöhnlich werden sie von den Wölfen ignoriert. Auch Kojoten und Raben teilen sich eine Beute, während Raben jedoch manchmal Wölfe verspotten, haben sie vor Kojoten mehr Respekt. Kojoten machen gelegentlich Ausfälle und schnappen nach den Raben. Da sie schneller und agiler sind als Wölfe, haben sie sicher oft genug Raben getötet, um ihnen Vorsicht einzuflößen.

Bei seltenen Gelegenheiten habe ich Hinweise dafür gefunden, daß Tiere einen Raben gefangen und getötet hatten, während der Vogel am Aas fraß. Da ich glaube, daß Raben in vielerlei Hinsicht zu den cleversten Kreaturen im Wald gehören, muß ein Tier gleich welcher Art, das einen Raben erwischt, außerordentlich geschickt sein – wie ein Kojote zum Beispiel. Außerdem sollte man berücksichtigen, daß Raben und Kojoten, die am selben, von Wölfen verlassenen Riß fressen, Konkurrenten sind: Beide besetzen die ökologische Nische des Aasfressers. Möglicherweise empfinden sich diese beiden aasfressenden Arten gegenseitig als Rivalen.

In großen Teilen seines Verbreitungsgebietes ist der Wolf das wichtigste Raubtier. Im Wald von Ravenwood steht und stand er sicher seit jeher an der Spitze der Nahrungspyramide. Die Intelligenz des Wolfes, in Verbindung mit seiner kooperativen Jagdtechnik, erlaubt es ihm, Hirsche und Elche optimal zu erbeuten. Da sie große Tiere töten, müssen Wölfe weniger häufig jagen, als wenn sie auf kleine Beutetiere angewiesen wären – das gilt selbstverständlich nur, wenn die großen Beutetiere schwach genug sind und in ausreichender Menge vorkommen. Betrachten Sie das Ganze einmal unter dem Gesichtspunkt der Kalorien pro Mahlzeit. Wie viele Schneeschuhhasen müßte ein Wolfsrudel fangen, um den Wert eines Weißwedelhirsches zu erreichen – von Elchen ganz zu schweigen? Wieviel Energie müßten sie während dieser Jagden aufwenden, im Vergleich zu dem, was der Angriff auf einen Hirsch an Kraft 'kostet'? Aus dieser Perspektive gesehen, wird klar, warum Wölfe so und nicht anders jagen. Diese Überlebensstrategie hat sich während Jahrtausenden der Evolution entwickelt, sie sichert maximale Nahrungsaufnahme bei minimalem Aufwand.

Zwei Facetten in der Jagdtechnik der Wölfe bewundere ich: Zum einen ihre grenzenlose Geduld während der Jagd, zum anderen ihr scharfes Gespür für Beutetiere. Wölfe nehmen die kleinsten Veränderungen an einem Tier wahr, selbst wenn es innerhalb einer Herde nur eines unter vielen ist. Auf Ellesmere Island habe ich Wölfe beobachtet, die hartnäckig Moschusochsen folgten – nicht in einer Jagd, sondern in stetiger, starrender Überwachung. Während dieser Vorrunde studieren die Wölfe jedes Tier in der Herde.

Auf ähnliche Weise folgen die Wölfe der nördlichen Wälder einem Tier kilometerweit, unter Umständen sogar über Tage. Sie können sich entscheiden, die Herde, den einzelnen Elch oder Hirsch ohne einen Angriff zu verlassen. Fällt ihnen jedoch ein schwacher Punkt auf, werden sie ihre potentielle Jagdbeute testen. Vielleicht bemerken sie, daß ein älterer Moschusochse steif geht, oder daß ein Elch auf einem Auge blind ist – solche Verletzungen stammen aus den Rangkämpfen mit anderen brünstigen Bullen. Sehr häufig sehen wir Menschen gar nicht, welcher Gesichtspunkt ein Tier für den Angriff prädestiniert. Wenn man so will, testen Wölfe durch diese hartnäckige Überwachung die Psyche eines Tieres, denn Wölfe suchen nicht immer nach einem körperlichen Defekt. Psychische Schwäche kann ohne weiteres das Schicksal eines Moschusochsen oder Elches besiegeln. Naivität ist gefährlich in der Wildnis, und ein junger, törichter Hirsch dürfte niemals ein alter, weiser Hirsch werden, wenn die Wölfe aufpassen. Ebenso dürfte ein Kalb, das gerne allein, ohne den Schutz seiner Mutter herum-

Wölfe verfolgen die Spur eines Elchs.

streift, ein vergleichsweise kurzes Leben haben. Und ich glaube, daß manche Tiere dem durchdringend starrenden Blick eines Wolfes einfach nicht lange standhalten können. Aufgrund ihrer psychischen Schwäche brechen sie genau dann aus und rennen weg, wenn Ausbrechen und Flucht fatal sind.

Einige Naturvölker glauben, daß die Fähigkeit der Wölfe, schwache oder dumme Tiere herauszupicken, auf mystischen oder übersinnlichen Fähigkeiten beruht. In der Tat erscheinen ihre Fähigkeiten selbst dem unbefangenen Beobachter übersinnlich, wahrscheinlich sind sie jedoch nichts weiter als die hochentwickelte Fähigkeit, mit allen Sinnen zugleich wahrzunehmen.

Daß Wölfe die Verwundbarkeit ihrer Beute wahrnehmen, sollte uns nicht überraschen. Wieso suchen sich Diebe nur bestimmte Menschen aus und lassen andere in Ruhe? Warum werden Menschen, die sich vor Hunden fürchten, am meisten gebissen? Offensichtlich haben weder Menschen noch Hunde gänzlich die Fähigkeit verloren, zu werten, indem sie winzige Details der Körpersprache wahrnehmen, d.h. die Verletzbarkeit eines Geschöpfes, dem sie begegnen. Nicht ohne Grund empfehlen Polizisten und Sicherheitspersonal schwächeren Personen, sich den Anschein von Selbstvertrauen zu geben. Auf diese Weise vermeidet man es, 'zur Beute gemacht zu werden'.

Seit Jahrtausenden führte das Überleben der Wölfe dazu, Menschen glauben zu lassen, Wölfe seien verschlagen oder böse. Stellen sie sich einen einfachen Hirten vor, der seine Herde hütet. Blickt er auf, sieht er Wölfe am Waldrand, die seine Schafe ausspähen. Die Wölfe sind geduldig. Sie bleiben stundenlang dort. Vielleicht erscheinen sie regelmäßig, mehrere Tage hintereinander. Endlich greifen sie an und töten ein Schaf. Die Wartezeit muß dem Hirten ebenso furchtbar erscheinen wie der Verlust des Schafes. Vorsätzliche Handlungsweisen – besonders solche, die Verlust bedeuten – wurden vom Menschen schon immer als böse eingestuft. In diesem speziellen Fall enthielt der Vorsatz der Wölfe jedoch nicht mehr Bosheit als unser Vorsatz, einen samstäglichen Einkauf im Supermarkt vorauszuplanen.

Erst seit Ellesmere Island hatte ich begonnen, das 'wie' und 'wann' von Wölfen auf der Jagd zu verstehen. Mehrmals und in direkter Nähe hatte ich das arktische Wolfsrudel begleitet, wenn sie Moschusochsen ausfindig machten, einen Angriff planten und dann manchmal ein Tier töteten. Meine Erlebnisse in Ravenwood konnten einige der Lücken füllen, obwohl es mir nicht gelang, eine Jagd in den dichten Wäldern so deutlich zu sehen wie auf den gefrorenen Ebenen der Arktis. Dennoch bezweifle ich heute kaum noch, daß die Wölfe von Ravenwood mit denselben Techniken jagen, wie ihre weißen Verwandten im Norden.

Ich konnte mehrfach feststellen, indem ich Fährten untersuchte oder es direkt beobachtete, daß Wölfe quasi wie eine militärische Einheit jagen. In der Regel wird die Jagd von einem männlichen Leittier des Rudels, den sogenannten alpha-Wölfen, angeführt. Auf Ellesmere wurde die Jagd manchmal auch von der alpha-Wölfin geleitet. Sie war die bei weitem beste Jägerin und nutzte häufig die Zeit, um vor der Jagd zu kundschaften.

Regeln sind dazu da, um gebrochen zu werden, heißt es, und das gilt in der Natur wie in unserer Gesellschaft. Es gibt immer Ausnahmen wie im Fall

Raben beim Spiel mit hohem Einsatz.

fünfzig

von 'Midback', der alpha-Wölfin, die sich bei der Jagd hervortat. Wissenschaftler sind so damit beschäftigt, alles aufzuschreiben, Fakten in bequeme Schubladen zu quetschen, alles zu messen, daß sie darüber (vielleicht) vergessen, angemessen über die Häufigkeit der Ausnahmen zu berichten.

Ich habe ein Rudel beobachtet, das versuchte, sein schlafendes Leittier zu wecken. Offensichtlich sind die Rudelmitglieder stets begierig darauf zu jagen, aber sie machen sich nicht eher auf, bis das Leittier bereit ist, um dann die Jagd durch ein stürmisches Heulkonzert einzuleiten. Während sich die Wölfe auf die Jagd vorbereiten, herrscht eine Atmosphäre der Erregung, entstehender Kameradschaft und freudiger Erwartung.

Das alles unterscheidet sich nicht sehr viel von dem Verhalten unserer Hunde, wenn man ihnen ankündigt, es geht auf einen Spaziergang. Man bemerkt einen erhöhten Bewegungsdrang, die Angst zurückgelassen zu werden, fröhliche Erleichterung, daß man unterwegs ist und das Gefühl, wie wichtig der Ausflug ist.

Sollten Wölfe nicht wissen, wo sich ihre Beute im Augenblick aufhält, so wissen sie ganz sicher, wo sie suchen müssen. Manchen erscheint die Jagd der Wölfe wie ein zielloses Umherwandern. Das anzunehmen, wäre ein Fehler. Sie kennen fast jeden Baum, jeden Felsen und jeden Bach in ihrem großen Revier. Da Beutetiere sich nicht zufällig in den Wäldern verteilen, sondern sich in den Lebensräumen aufhalten, die ihnen am meisten zusagen, bewegen sich die Wölfe gezielt von Ort zu Ort und suchen nach einer bestimmten Beute. Sofern einer der Wölfe vor der eigentlichen Jagd auf Kundschaft war, kann er das Rudel direkt zur Jagdbeute führen. Selbst über weite Entfernungen bewegen sich die Wölfe unermüdlich, zur Jagd getrieben durch Hunger oder von dem Drang, ihre Jungen zu füttern.

Tötende Wölfe sind kein schöner Anblick. Fast immer gehen Wölfe gemeinsam vor, ob sie ein Kalb von seiner Mutter trennen oder ein einsames Tier

PORTRÄT EINER WILDEN, ABER GELASSENEN INTELLIGENZ.

umkreisen und prüfen. Wenn der Tod kommt, kommt er aus heiterem Himmel, wenn auch langsamer, als uns Menschen lieb ist. Das Opfer schlägt wild um sich, wenn ein Wolf nach dem anderen angreift, um seine kräftigen Kiefer ins Fleisch zu schlagen. Bekommt ein Wolf Kopf oder Schnauze zu fassen, dreht er das Tier zu Boden. Wenn nicht, sind es die reißenden Bisse der Wölfe, die dem Opfer gewöhnlich den Tod bringen. Liegt es erst auf dem Boden, gibt es keine Hoffnung mehr.

Wie der Löwe nicht beim Lamm liegt, liegt der Wolf nicht beim Reh. Die Natur ist weder ein Wildpark, noch ein steriles Fernsehprogramm, in dem warmherzige, struppige Geschöpfe in Frieden und Harmonie zusammenleben. Wölfe jagen nur, um zu töten. Und sie töten nur, um zu fressen.

Allenfalls der Zweck heilgt die Mittel bzw. besänftigt unsere menschliche Reaktion auf den Tod ihrer Beute. So habe ich beobachtet, wie Wölfe ihre Beute verschlangen und dann unverzüglich zu ihrem Bau zurückkehrten. Nach ihrer Rückkehr wurden die Alten von den hungrigen Welpen bedrängt, ein Haufen lärmender Kleiner leckte die Schnauzen der Erwachsenen. Die Alten würgten einen Teil der Beute heraus, der von den heranwachsenden Welpen gierig aufgefressen wurde.

Dieses hingebungsvolle Teilen von Nahrung mit den Jungen ist eine bewunderungswürdige Eigenschaft und ein weiteres Beispiel für das hochentwickelte soziale Verhalten in einem Wolfsrudel. So wird Leben aus Tod, und eben noch 'blutrünstige Mörder' werden wenig später zu fürsorglichen Familienmitgliedern.

Mein Gefühl für die Wölfe grenzt an Ehrfurcht. Ich habe Respekt vor ihnen. Ihre Überlebensfähigkeit, ihre Beharrlichkeit und ihre Stärke übersteigen jegliche menschlichen Fähigkeiten – dies wurde mir schmerzhaft klar, als ich ihnen tagelang folgte. Vielleicht bin ich, wie die hungrigen Kojoten, die Wölfe vom Wald aus anbellen, dazu verdammt, ihnen lediglich zu folgen.

Die Alpha-Tiere fressen zuerst.

dreiundfünfzig

BRUDER WOLF

Ein schneidender Wind bläst über die eisige Ebene. Auf dem Kamm des Vorgebirges liegt ein Dutzend Jäger auf dem Bauch und starrt hungrig auf die Bisonherde, die unter ihnen grast.

Die Männer unterhalten sich mit leisem, aufgeregtem Geflüster.

Ihr Problem ist riesig und einfach zugleich. Sie fühlen sich kalt, müde und hungrig. In Sichtweite grast genügend Nahrung für sie alle. Sie müßten einfach nur nahe genug herankommen, um sie zu töten und dann aufzuessen.

Die Jäger prüfen den Wind, die Art, wie sich das Gras bewegt, die Wellenbewegungen der winterwelken Prärie. Während sie bäuchlings im hohen Gras liegen, ihre Arme schauen aus Fellkleidern heraus, zeichnen sie mit kältesteifen Fingern Karten in den Staub. Sie brauchen dringend einen erfolgreichen Jagdplan.

Auf der Prärie, ihnen gegenüber, hat ein anderer Trupp Jäger die Bisons entdeckt – Wölfe. Diese Jäger studieren die Herde geduldig. Sie haben Jungtiere in der Herde ausgemacht und wissen, daß sie nur ein Kalb von seiner Mutter trennen müssen, um es töten zu können.

Einer der Jäger auf der Kammhöhe bemerkt eine Bewegung in der Prärie. Leise zeigt er auf vier der jagenden Rivalen, die langsam, aber vorsichtig, durch das Gras kriechen und sich auf die gleichgültige Herde zubewegen. Sie geben sich keine Mühe, sich zu ver-

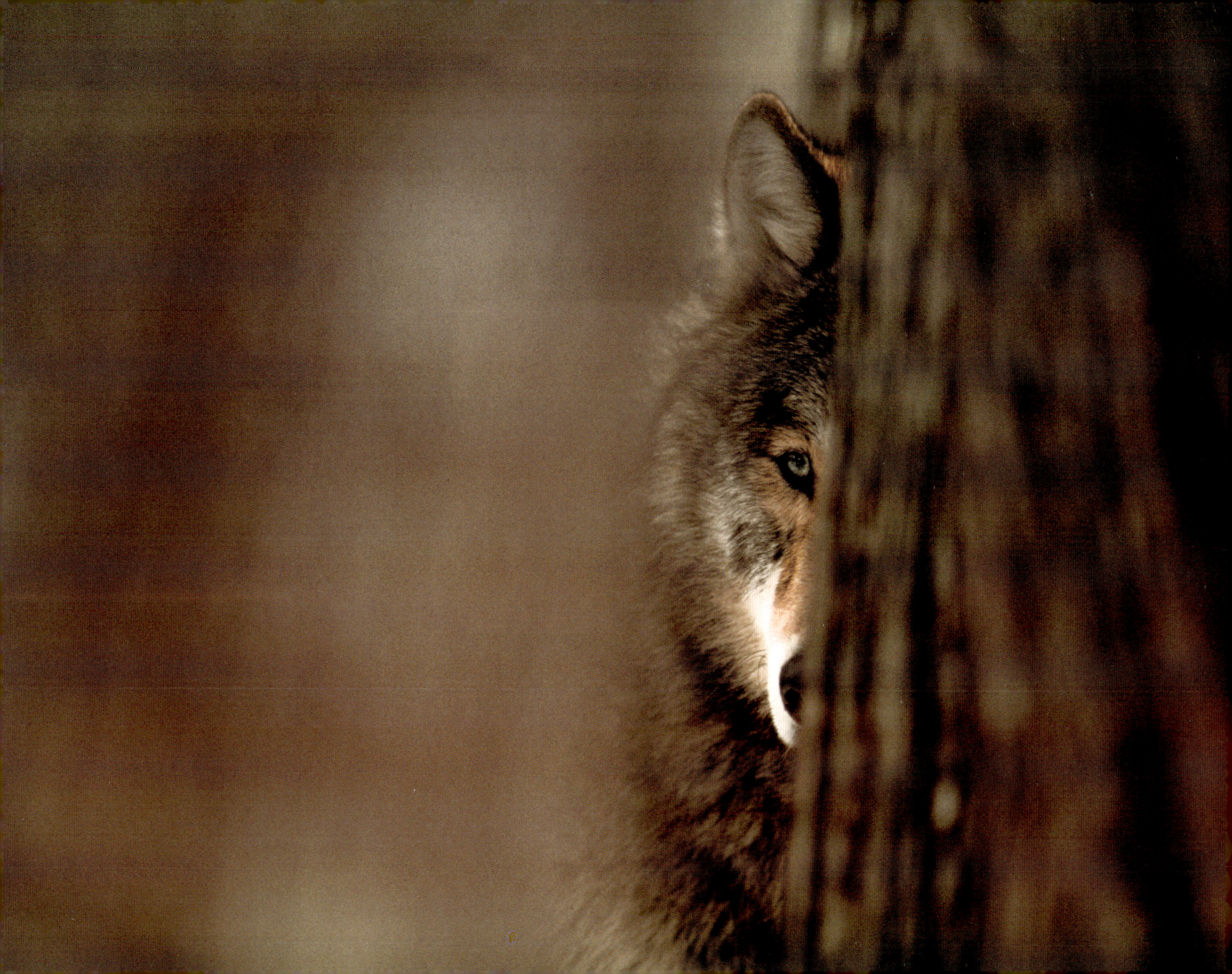

stecken, nähern sich mit dem Wind, so daß die Bisons die Gefahr wittern können. Warum, wundern sich die Jäger auf dem Hügel, verraten die anderen so leichtfertig ihre Anwesenheit? Frustriert aber fasziniert beobachten sie die Technik der rivalisierenden Jäger.

Zuerst wittern und dann entdecken die Bisons diese Jäger. Sie laufen umher und schnauben, werfen die gebogenen Hörner und die wollhaarigen, massigen Köpfe hin und her. Ein paar nervöse Bisons stampfen wiederholt auf der Stelle und schnauben laut. Ein Kalb blökt. Die ganze Herde dreht sich um und beobachtet die sich nähernde Bedrohung.

Hinter den Bisons ragt ein niedriger Hügel auf. Die Jäger auf dem Hügelkamm sehen zwei Schemen, die gegen den Wind unmittelbar jenseits der Hangkuppe auftauchen und sich verstohlen durch das hohe Gras zu einem Punkt hinter der Anhöhe bewegen. Fast gleichgültig warten diese Jäger in ihrem Versteck. Die Jäger auf der Hügelkuppe lächeln wissend.

Die vier pirschenden Jäger auf der Prärie verwandeln sich plötzlich in vier Hetzjäger, die ungestüm auf die Herde zurennen. In Panik bilden die Bisons einen Kreis, werfen Hufe und gefrorenen Staub in die Luft, die erfüllt ist von ihrem chaotischen Gebrüll und Stöhnen. Die Jäger schließen die Herde ein, kommen näher, sondern einige Bisons von der Herde ab und trennen dann diese Tiere voneinander. Die Herde donnert davon, aber eine Kuh und ein Kalb sind vom Rest abgetrennt. Die Jäger treiben die beiden bis zur Hügelkuppe, wo sich die beiden verborgenen Jäger in eine lauernde Hockstellung erhoben haben.

Mit verstörtem Blick sieht die Bisonkuh, wie die beiden wartenden Jäger im grauen Gras Gestalt annehmen. Sie stößt ein mächtiges Gebrüll aus, ruft nach ihrem Kalb und schwenkt heftig nach links. Rasen und Erdklumpen spritzen hoch. Auch das Kalb dreht ab – zu spät. Während einer der Jäger die Kuh verjagt, treibt der andere das Kalb von seiner Mutter weg. Nun hetzen fünf Jäger das Kalb, sie keuchen voller Jagdgier. Auch der letzte Jäger läßt nun die Kuh stehen, die hilflos wenige Meter entfernt stehenbleibt. Sie scheint nachzudenken, wie sie ihr Kalb noch retten könnte. Langsam dreht sie um und galoppiert der entfernten Herde nach. Im Nu ist das ausschlagende, brüllende Kalb am Boden, schließlich tot. Die Jäger umringen den hingestreckten Körper und erheben ihre Stimmen in einem Gesang voller Erregung und Dank.

Die Männer auf dem windzerzausten Hügelkamm, oberhalb der gefrorenen Prärie, sind überwältigt. Sie haben die Fäuste geballt, angesteckt vom Jagdfieber schießt Adrenalin durch ihre Adern. Sie schnappen nach Luft, haben fast das Atmen vergessen. Verwundert schauen sie einander an, vergessen für einen Augenblick die Kälte und den Hunger, noch immer elektrisiert von dem Drama, dessen Zeuge sie gerade waren. Diese Lektion werden sie sicher nicht vergessen.

Die Jäger erheben sich und folgen der fliehenden Bisonherde, halten aber einen respektvollen Abstand von den Wölfen, die jetzt das frisch getötete Kalb auffressen.

In den Mythen der Ojibwa lernt Nanabush, der Sohn einer sterblichen Frau und des Westwindes, von den Wölfen, wie man jagt. Man lehrt ihm die Technik und das Tabu, Tiere niemals mutwillig zu töten.

Als sich aber herausstellte, daß Nanabush nicht in der Lage war, mit dem Wolfsrudel Schritt zu halten, als dieses eine Karibuherde verfolgte, ließ man ihn mit Tooth, dem Enkel der alten Leitwölfin, allein zurück. Diese schickte die beiden zur Elchjagd ins Tal, gab ihnen aber die Warnung mit auf den Weg, nur soviel Fleisch zu holen, wie sie benötigen würden. Im Rausch der

EINJÄHRIGE WÖLFE BEIM SPIEL.

MOOSE LAKE: TOR ZUR WILDNIS.

siebenundfünfzig

achtundfünfzig

Ein Wolfsrudel ist eine Familie. Ein durchschnittlicher Wurf besteht aus sechs Welpen, die bei der Geburt blind sind. Alle Rudelmitglieder – Brüder, Schwestern, Tanten und Onkel – füttern und bewachen die Jungen gemeinsam. Dieses Rudel, es wird wissenschaftlich erforscht, kümmert sich um die Jungen. Die Mutter trägt die Welpen weg, da die Forscher sie gestört haben. Das Rudel unten lauscht aufmerksam auf das Quieken der Welpen im Bau. Wölfe in der Wildnis bewegen die Welpen, um sie frei von Krankheit und Ungeziefer zu halten, die sich im Bau ansammeln.

Mein Kanu gleitet langsam in eine stille Bucht.

sechzig

Jagd ignorierten sie die Warnung der Wölfin. Deshalb wurden sie nun vom bösen Geist Manitou gejagt, der sie suchte, um sie für das, was sie getan hatten, zu bestrafen.

Tooth, der ungestüme junge Wolf, wurde gefangen und getötet, aber Nanabush stahl mutig Tooths Fell von den Geistern. Als Halbgott konnte er den Wolf wieder zum Leben erwecken. Tooth war schon die Wege der Toten gegangen. Der auferstandene Wolf lehrte Nanabush diese Wege, der es dann seinen Leuten weitererzählte. Nachdem Tooth den Weg in den Himmel beschrieben hatte, schickte ihn Nanabush zurück ins Land der Toten, wo er auf ewig unsere Seelen auf ihrem Weg in eine bessere Welt geleitet.

Daher ist der Wolf, so sagt diese Legende, unser Bruder, unser Lehrer bei der Jagd, unser Partner bei Verbrechen und unser Führer in den Himmel.

Die Ojibwa waren die letzten Ureinwohner, die in Ravenwood gelebt haben, und ihre Geschichten bestätigen meine Vermutung, daß der Mensch von seinem Bruder Wolf viel über das Überleben gelernt hat. Von Anfang an ähnelten sich Menschen und Wölfe sehr. Beide stehen an der Spitze der Nahrungspyramide. Sowohl menschliche Stämme wie Wolfsrudel bestehen vorwiegend aus Familiengruppen. Beide verlassen sich auf eine starke, soziale Struktur, um ihr Gemeinschaftsleben und die Jagd (sie sichert überhaupt erst das Überleben der Gemeinschaft) zu bewältigen. Beide wählen, jeder auf seine Weise, Führer, die sich durch besondere Geschicklichkeit oder körperliche Meisterschaft auszeichnen. Und in beiden Gemeinschaften verstärken ausgeklügelte Rituale das Zusammengehörigkeitsgefühl, sorgen für Ordnung und setzen Disziplin durch.

Die Legende der Ojibwa macht uns mit einer Sichtweise des Wolfes bekannt, die in deutlichem und erhabenem Gegensatz zu dem sinnlosen Wolfshaß der westlichen Kultur steht. Die Ojibwa und andere Naturvölker zeigen uns, daß Menschen und Wölfe in enger Nachbarschaft leben können, und daß Menschen, deren Sinn nicht danach steht, sich die Natur 'untertan' zu machen, sehr deutlich die Verwandtschaft zwischen Mensch und Bruder Wolf empfinden. In der Mythologie der nordamerikanischen Ureinwohner konnte ich nicht eine einzige Stelle finden, die den Wolf als schrecklich brandmarkt.

Ich habe bei einigen der verbliebenen 'primitiven' menschlichen Gemeinschaften gelebt und sie beobachtet. Ich verwende die Anführungszeichen bewußt, denn solche Kulturen sind oder waren ungeheuer reich an Erfahrungen, ihre Kenntnisse bedeutend und ihr Umgang mit der Natur direkt und verantwortungsvoll. Der Ausdruck 'primitiv' kann nur aus einer materialistischen und technologischen Sichtweise heraus gebraucht werden, und selbst dann ist dieses Etikett arrogant und ungenau. Naturvölker verfügen sehr wohl über Technologie – sie ist nur einfach ganz anders als die der Moderne.

Es gibt eine gemeinsame Eigenschaft bei all den Menschen, die immer noch als Jäger und Sammler überleben: ihre intime Vertrautheit mit der Welt um sie herum. Sie sind sorgfältige Beobachter. Sie achten auf alles und sie lernen. Es wäre töricht zu glauben, daß unsere Ahnen, die den Wolf gut kannten, ihn nicht beobachtet und von ihm gelernt hätten. Weder ein prähistorischer noch ein neuzeitlicher Jäger wird Wölfen bei der Jagd zusehen können, ohne große Bewunderung zu verspüren. Und wenn die Frühmenschen von der Strategie der Wölfe beeindruckt waren, dann haben

Ein Wolf wird bei der Biberjagd überrascht.

Felszeichnungen aus ganz Nordamerika belegen, dass der Wolf von den frühen, amerikanischen Menschen verehrt wurde. Das Bild unten vom Hegman-See nahe den Boundary Waters zeigt einen Wolf, der einen Elch unter der Aufsicht des allmächtigen Geistes jagt, der unter dem Namen May-May-Gway-Shi bekannt war. Auch die senkrechte Felswand rechts beim La Croix See zeigt die kraftvolle Figur des Wolfes. Die spirituelle Bedeutung, die der Wolf bei den alten Kulturen besass, ist ebenso mysteriös wie die Aura Borealis, die den Himmel von Ravenwood erleuchtet.

dreiundsechzig

sie sicher versucht, sowohl Plan wie Ausführung zu kopieren. Bedenken Sie, daß der Jagderfolg damals Überleben bedeutete, nicht wie heute eine hübsche Erinnerung an Tage im Freien. Kein totes Tier – kein Essen – und vielleicht keine Kleidung. Unter diesen Umständen wird die Vorstellung, Frühmenschen hätten anderen Raubtieren nachgeeifert, zu einer höchst glaubwürdigen Hypothese.

Ich habe beobachtet, wie sich erregte Wölfe zur Jagd sammelten und gesehen, wie sie eine Herde Moschusochsen umkreisten und einschlossen, mit genau der Technik, die ich zu Beginn des Kapitels geschildert habe. Stellen Sie sich vor, Sie wären derjenige gewesen, der diese Technik erstmals gesehen hätte – wie wunderbar wäre sie Ihnen vorgekommen! Es wäre eine aufregende, neue Überlebenstechnik, die auf Hinterhalt statt auf Hetzjagd beruhte. Zu einfach, um fabelhaft zu sein? Denken Sie daran, wie einfach ein Rad ist.

Ich glaube, daß die Menschen List und Hinterhalt als Jagdtechnik von den Wölfen gelernt haben. Ich bin jedoch nicht sicher, ob dieser Lernprozeß wechselseitig war. So weit ich weiß, haben Wölfe von Menschen nur gelernt, einen Sicherheitsabstand einzuhalten.

Obwohl die Menschen neuerer Zeit Wölfe fürchteten oder haßten (mit der bemerkenswerten Ausnahme einiger Naturvölker), glaube ich nicht, daß die Menschen und Wölfe vergangener Zeit einander gehaßt haben, wie es die Filmindustrie und manche populären Schriftsteller uns glauben machen. Solange Raubtiere nicht um eine begrenzte oder schwindende Ressource konkurrieren, halten sie gewöhnlich einen unbestimmten aber respektvollen Abstand voneinander. Menschen dürften ein Rudel jagender Wölfe viel eher toleriert haben als einen anderen Stamm jagender Menschen. Wölfe folgen derselben Tendenz in ihrem Revierverhalten: Sie können Jäger einer anderen Art tolerieren, werden sich aber sofort aufmachen, jeden konkurrierenden Wolf zu vertreiben.

In der Frühzeit hatten wir keine Haustiere. Wölfe waren daher keine Gefahr für unsere Rinder oder Schafe, denn diese Tiere waren wild. Sie gehörten uns ebenso wie den Wölfen. Ohne Eigentum gibt es keine Besitzgier, und in einer Welt des Überflusses besteht kaum Anreiz für Rivalität.

Ich frage mich, wann die Frühmenschen erstmals die Eigenschaften wahrnahmen, die wir mit den Wölfen gemeinsam haben. In vielerlei Hinsicht sind wir Wölfen ähnlicher als den Primaten. Die großen Affen sind auf Wälder angewiesen; Menschen und Wölfe überleben auf offenen Ebenen, Tundren, Bergen und in lichten Wäldern. Affen sind vorwiegend Pflanzenfresser. Wölfe und Menschen entwickelten sich zu Fleischfressern – und zu Jägern, die gemeinschaftlich vorgehen. Wölfe wie Frühmenschen hatten etwa das gleiche Körpergewicht. Sie bevorzugten dieselben, häufig großen Beutetiere. Sowohl Wölfe wie Menschen sind intelligenter als ihre Opfer; nur dank einer Strategie und kurzer, aber intensiver Anstrengung können sie Beutetiere töten, die schneller laufen oder stärker sind.

Fleischfressende Arten haben bestimmte Merkmale – Merkmale, die wir nicht mit unseren vegetarischen Affenverwandten teilen. So sind Fleischfresser beispielsweise, da sie höher in der Nahrungspyramide stehen, auf ein größeres Revier zur Nahrungsbeschaffung angewiesen und leben in

Ein seltener Augenblick in der Wildnis: Ich lag nur 10 Meter von diesem Wolf entfernt.

fünfundsechzig

Kein Tier ist zu klein: Ein Wolf springt auf eine Maus herab.

sechsundsechzig

kleinen Familieneinheiten. Fleischfresser leben von anderen Tieren, die pflanzliche Nahrung in Fleisch verwandeln, und Fleisch hat relativ zum Volumen einen höheren Nährwert als Pflanzen. Während weidende Tiere die meiste Zeit mit Fressen beschäftigt sind, verbringen Fleischfresser ihre Zeit vorwiegend im Gemeinschaftsleben, ruhen und wandern. Diese Lebensform ist möglich, weil sie ihre Nahrung in konzentrierter Form aufnehmen. Obwohl die Jagd eine elementare Lebensgrundlage für einen Fleischfresser bildet, gehört sie nicht zu den besonders zeitaufwendigen Verhaltensweisen, besonders bei jenen nicht, die von großen Beutetieren leben.

Die hominiden Ahnen unserer Rasse haben sich offensichtlich auf den Ebenen Afrikas als äußerst bewegliche Raubtiere entwickelt, die von mittelgroßen Tieren lebten. Sie waren weit verbreitet und erfolgreich – so erfolgreich, daß sie sich, nachdem sie den afrikanischen Kontinent besiedelt hatten, aufmachten, um den Rest der Welt zu erobern. Zufällig war Afrika einer der wenigen Orte, an denen niemals Wölfe verbreitet waren – vielleicht, weil sie ihre Nische bereits besetzt fanden. Anders als Menschen sind Wölfe in der nördlichen Hemisphäre die am weitesten verbreiteten Tiere.

Sowohl für menschliche wie wölfische Gemeinschaften ist das Revierverhalten ein wichtiger Aspekt, denn beide müssen den Ertrag ihrer Beutetiere 'kontrollieren'. Es hat aber auch andere Vorteile, ein Revier zu beanspruchen.

Gute Reviere garantieren eine vorhersagbare Versorgung mit Nahrung. Wer für längere Zeit ein bestimmtes Territorium besetzt, kennt jedes Detail der Landschaft, er kennt die Bewegungen anderer Tiere und die besten Stellen für einen Hinterhalt. Wer mit seinem Revier vertraut ist, findet sich auch im Dunkeln oder bei schlechtem Wetter zurecht. Wer das Verhalten anderer Tiere während der einzelnen Jahreszeiten und Wetterlagen gesehen hat, weiß, wo er nach ihnen suchen muß. Er kann sich, mit anderen Worten,

EINE GROSSE, GRAUE EULE SPÄHT NACH NAGETIEREN AUS.

Das Alpha-Paar.

achtundsechzig

wesentlich effektiver mit Nahrung aus seinem Revier versorgen. Für Wölfe sind gute Plätze für einen Bau wichtig und oftmals schwer zu finden. Einen solchen Ort zu kontrollieren, ihn an sicherer Stelle im Revier zu graben, ist ein Segen für das Überleben. Auf ähnliche Weise dürften auch die frühen Menschen einen guten Wohnplatz geschätzt haben, einen Ort, der Schutz bot, über Wasser verfügte und leicht zu verteidigen war.

Die Natur ist nicht immer stabil. Je besser man übersehen kann, wie viele Beutetiere getötet, wo und wie die Jungen aufgezogen werden, wie die Chancen stehen, Nahrung genau dann zu finden, wenn sie gebraucht wird, desto größere Stabilität erlangt der Stamm oder das Rudel. Der Besitz eines Reviers bedeutet Stabilität, und es ist möglich, daß auch das Domestizieren von Pflanzen und Tieren aus der Suche nach Stabilität erwuchs, um angesichts einer wachsenden, menschlichen Population die Nahrungsversorgung sichern zu können.

Geburtenkontrolle – die Begrenzung eines Stammes oder eines Rudels innerhalb eines Reviers – ist sowohl für die menschlichen Sammler und Jäger wie für die Wölfe entscheidend. Es gibt deutliche Hinweise dafür, daß Wölfe auf Schwankungen im Beuteangebot mit erhöhter oder verzögerter Reproduktionsrate reagieren. In jedem Fall bekommt nur das alpha-Paar Junge, während das restliche Rudel mithilft, die Jungen zu füttern, zu schützen und aufzuziehen. Wölfe kontrollieren nicht nur ihre Fortpflanzung, sie verlassen auch ihr altes Rudel, um neue Territorien zu erobern. Manchmal schließen sich neue Wölfe einem Rudel an, das durch Krankheiten oder Unfälle dezimiert wurde. So wird nicht nur die Rudelgröße aufrecht erhalten, sondern auch neues genetisches Material eingebracht.

Ich glaube, daß der Austausch von Tieren zwischen den Rudeln häufiger vorkommt, als gewöhnlich angenommen wird. Während sicher nachgewiesen wurde, daß Wölfe ihr Revier energisch gegen marodierende Rudel verteidigen – Kämpfe, die sogar tödlich enden können – wissen wir andererseits, daß viele Wölfe aus unbekannten Gründen ihre Rudel freiwillig verlassen. Da es nur begrenzte Freiräume gibt, in die sie ausweichen können – große Gebiete werden bereits von anderen Wölfen besetzt – kann es nicht leicht sein, ein noch unbewohntes Revier zu finden. Manche einsamen Wölfe werden getötet, wenn sie in das Revier eines anderen Rudels eindringen wollen, es ist jedoch sehr unwahrscheinlich, daß alle auf diese Weise umkommen.

Genauso unwahrscheinlich ist, daß sie gleich wieder ein unbesetztes Landstück finden, in dem sie neu beginnen können. Meine Erfahrungen auf Ellesmere, die durch meine Beobachtungen in Ravenwood noch bestätigt wurden, zeigen, daß sich die Zusammensetzung eines Rudels von Jahr zu Jahr ändert, und daß neue Wölfe in bestehende Rudel eindringen können. Aus welchen Gründen auch immer – Größe, Stärke, Verschlagenheit oder Unterwürfigkeit – Wolfsaußenseiter werden in bestehende Rudel integriert. Wäre ein solches Eingliedern nicht vorteilhaft für das Überleben aller Wölfe, käme ein solches Verhalten nicht vor.

Davon abgesehen kommt es mir so vor, als ob Wölfe wirklich gern durch die Landschaft ziehen. Auch Menschen genießen es zu reisen. Wir haben uns schließlich auch von unseren Stämmen entfernt, um neue Kolonien zu gründen. Wir waren schon immer Entdecker, und ein Teil dieses Antriebs entspringt der Notwendigkeit, neue, eigene Reviere zu erobern.

Je weiter man nach Norden kommt, desto größer werden die Wolfsreviere, ein Phänomen, das sicher auch für die frühen menschlichen Jäger galt. Der Grund ist einfach: Im hohen Norden ist die Dichte der Beutetiere geringer als im warmen Klima. Die Wölfe, die ich auf Ellesmere beobachtet habe, besetzten ein riesiges Revier. Dank des Schnees konnte ich meinem Wolfsrudel ständig auf der Spur bleiben, ihnen mit dem Geländewagen folgen und die zurückgelegten Entfernungen genau messen. So war es mir möglich, die Größe ihres Territoriums zu bestimmen.

Normalerweise ist dies eine komplizierte Angelegenheit, und man braucht ein Halsband mit einem Radiosender. In der Öde der Arktis betrug die Reviergröße eines Rudels leicht 7300 km^2. Ich erwähne dies hier, da einige Wissenschaftler, die den Wölfen nur kurze Zeit gefolgt sind, dies abstritten, nachdem ich diese Zahl zum ersten Mal in 'White Wolf' veröffentlicht hatte – ungeachtet der Tatsache, daß ich den Wert persönlich gemessen habe, Kilometer für Kilometer. Robert Ream, ein Professor der Universität von Montana, behauptete in der Zeitschrift Natural History, daß meine Zahlen nicht stimmten, weil nur wenige Kilometer vom Bau entfernt ein Fjord liegt. Er verwies darauf, daß der Fjord die Bewegung der Wölfe in dieser Richtung blockieren würde, womit meine Messungen unrichtig seien. Ream hat dieses sechsköpfige Rudel aber nur während des kurzen, eisfreien Sommers beobachtet. Hätte er mehr Zeit für seine Studien aufgewendet, wäre ihm sicher aufgefallen, daß der Fjord die längste Zeit des Jahres zugefroren und damit das Gegenufer und das Land dahinter für die Wölfe zugänglich ist. Da ich praktisch mit den Wölfen gelebt habe, wurde ich die Vergrößerung des Reviers, bedingt durch den zugefrorenen Fjord, direkt gewahr. Solche jahreszeitlichen Veränderungen der Reviere sind bei Wölfen üblich, besonders bei jenen, die sich von umherziehenden, in Herden weidenden, Tieren ernähren.

Indem sie ihre Fortpflanzungsraten regulieren (alpha-Wölfinnen sorgen gewöhnlich dafür, daß Rangniedere nicht trächtig werden), halten Wölfe in

einundsiebzig

der Regel eine Population aufrecht, die deutlich unter der vollen Tragfähigkeit des Reviers liegt. Auch heute noch leben menschliche Jäger und Sammler im ökologischen Gleichgewicht. Da Frauen ihre Kinder drei Jahre lang stillen und damit wahrscheinlich einen neuen Eisprung unterbinden (bei einigen Stämmen existieren auch Tabus, sich mit einer stillenden Frau zu vereinigen), bleiben die Geburtsraten niedrig. Mit anderen Worten, sowohl Wölfe wie frühe Menschen sicherten ihr Überleben, indem sie ihre Zahl so regulierten, daß die vorhandenen Nahrungsquellen nicht versiegten. Dieses Verhalten basierte nicht auf einer bestimmten ökologischen Einsicht. Es war einfach eine Verhaltensweise, die das Überleben auch in schweren Zeiten sicherte.

Daß auch Menschen territorial leben, versteht sich von selbst. Denken Sie an die fortdauernden Kriege um imaginäre Linien, die Länder und ethnische 'Stämme' trennen. Wir werden schnell besitzergreifend, wenn es um unser Eigentum geht – vor allem um Grundbesitz. Seit ich Ravenwood 'mein eigen' nenne, sehe ich dieses Land in einem ganz anderen Licht: Ich bin es, der es pflegt und verteidigt.

Meine Gründe, ein Territorium zu besitzen, unterscheiden sich nicht sehr stark von denen der Wölfe. Obwohl ich nicht auf Tier-'Nahrung' angewiesen bin, die auf meinem Land lebt, bestreite ich meinen Lebensunterhalt durch diese Tiere, daher fühle ich mich verpflichtet zu kontrollieren, was in Ravenwood geschieht. In der Tat ist meine Tierphotographie ohne eine solche Kontrolle unmöglich. Natürlich entstehen einige großartige Photos zufällig, meist jedoch geht Planung voraus. Oftmals scheitern gerade Photos, weil der Hintergrund ungeeignet ist, das Licht nicht stimmt, oder man nicht vorbereitet war. Indem ich sicherstelle, daß sich keine anderen Menschen einmischen, und ich möglichst intim mit dem Land und seinen Tieren vertraut werde, steigert Ravenwood meine Chancen auf Erfolg. Außerdem liefert es einen ursprünglichen Hintergrund, vor dem ich meine Bilder komponieren kann. Frühe Einwohner entnahmen ihre Nahrung dem Land. Ich mache Photos, verkaufe sie und kann mir vom Erlös die Nahrung kaufen, die ein anderer in seinem 'Revier' erzeugt hat. Ich habe die Waffe gegen eine Kamera eingetauscht.

Wölfe scheinen in ihren Revierkämpfen über eine höher entwickelte Fairneß zu verfügen als wir Menschen. Wann immer möglich, vermeiden sie direkte Gewalt. Wölfe markieren ihr Revier mit Zeichen und weisen Nachbarn so auf ihre Grenzen hin. Damit reduzieren sie die Gefahr einer kriegsähnlichen Auseinandersetzung. Nur selten kommt es vor, daß ein Rudel von einer Überschreitung der Grenzen profitiert, daher steigen die Überlebenschancen der gesamten Art, wenn Ärger vermieden wird. Wölfe setzen Duftmarken als Reviergrenzen, ähnlich wie Hunde dies in ihrer Umgebung tun. Mit Urin und Kot hinterlassen Wölfe so etwas wie eine Nachricht, und Duftmarken werden an den Reviergrenzen immer häufiger – was zeigt, daß Wölfe das Einhalten ihrer Reviergrenzen für sehr wichtig erachten.

Es gibt aber ein weiteres Mittel, Grenzen festzusetzen. Ich kenne kein anderes Tier, das sein Revier ausdrucksvoller verteidigt, als der Wolf mit Geheul. Das Heulen besteht aus einer Vielzahl von Tönen. Es sagt anderen Wölfen 'wir sind hier' und dient als Warnung auf weite Entfernungen. Hört ein fremder Wolf diese Warnung, bleibt ihm Zeit, seine Richtung zu ändern. Er könnte auch beschließen, heimlich ins Revier einzudringen, um so der Ent-

Wölfe streiten um einen Fetzen Hirschhaut

zweiundsiebzig

vierundsiebzig

deckung zu entgehen. In jedem Fall wird die Möglichkeit einer Konfrontation vermindert und die Gefahr, getötet oder verletzt zu werden.

Dennoch kommt beides vor. Wölfe greifen sich fast nur im Streit um ein Revier an, und solche Kämpfe enden oft tödlich. Mein Nachbar in Ravenwood, Bob Cary, ein kluger und begabter Naturbeobachter, erzählte mir von zwei Wolfsrudeln, die vor einigen Jahren auf der gefrorenen Oberfläche eines Sees in der Nähe meiner Hütte aufeinandertrafen. Die Fährten im Schnee wiesen auf eine heftige Auseinandersetzung hin, in deren Verlauf mehrere Wölfe getötet und ihre Kadaver von den Siegern aufgefressen wurden. Es ist nicht bekannt, wie häufig solche Zusammenstöße vorkommen.

Ich weiß aus eigener Erfahrung, mit wieviel Respekt Wölfe Reviergrenzen behandeln. Vor einigen Jahren setzte mich ein Flugzeug in der Wildnis ab, wo ich Wölfe für den U.S. Forest Service filmen sollte. Unglücklicherweise baute ich mein Lager an einer Stelle auf, wo die Reviergrenzen dreier Rudel aneinander stießen. Ein bekannter Wolfsforscher aus Minnesota hatte diese Grenzregion mit Hilfe von Markierungshalsbändern und Sendern bestimmt und mir den Ort als gute Stelle für Filmaufnahmen empfohlen.

Es war ein schlechter Vorschlag. Obwohl die Wölfe häufig auf mein Heulen reagierten, war es völlig unmöglich, sie zu sehen. Mein Lager stand mitten in einer 'wolfsfreien' Zone, genau wie eine entmilitarisierte Zone. Kein Wolf würde bis zu dieser unsichtbaren Linie vordringen – nicht einmal in ihre Nähe. Sie rochen sie, hörten sie und respektierten sie.

Seit ich mich selbst mit menschlichen Eindringlingen auf meinem Land auseinandersetzen mußte, habe ich große Ehrfurcht vor der Fairneß der Wölfe. Meine Eindringlinge schlichen auf mein Grundstück, um zu fischen und zu zelten. Hätten sie mich gefragt, hätte ich es ihnen sicher erlaubt. Statt zu fragen, haben sie lieber die ausgefallensten Tricks verwendet, mein

Grundstück verunstaltet und meine Zeichen zerstört. Ich nehme an, daß diese Leute es für ein Zeichen von Unterwürfigkeit hielten, um Erlaubnis zu fragen. Vielleicht ist es das auch, andererseits erfüllt es denselben Zweck wie die Demutsgeste des Wolfes: Es vermeidet die Konfrontation. Wenn ich einen Unbefugten stelle und ihm entgegentrete, wird mein Urinstinkt wachgerufen, und es kostet jedesmal einen inneren Kampf, 'zivilisiert' zu bleiben. Wölfe sind fair. Sie kündigen ihre Grenzen warnend an und respektieren solche Grenzen. Kein Wolf würde sein Leben riskieren, außer sein drohender Hungertod triebe ihn dazu – wie in strengen Wintern, in denen die meisten Grenzüberschreitungen durch Wölfe vorkommen.

Ich habe einen aufrecht sitzenden alpha-Wolf beobachtet, der seine gelben Augen friedlich geschlossen hielt, während ein Trupp lärmender Welpen über ihn herfiel und an seiner Schnauze hoch sprang. Jeder der Welpen war voller Achtung, und der Vater schien von einem Gefühl bewegt, das ich nur als wohlige Freude bezeichnen kann.

Ich habe einen Teenagerwolf gesehen, der seine jüngeren Geschwister ärgerte und ihnen so lange zusetzte, bis sie zu winseln anfingen. Dann jedoch ließ er ihre Schwärmerei über sich ergehen, genau wie wir für unseren älteren Bruder oder Schwester schwärmen, selbst wenn sie uns manchmal quälen.

Ich habe zugehört und beobachtet, wie sich Wölfe auf die Jagd vorbereiten, wie sie vor lauter gespannter Aufregung sangen und regelrecht tanzten. Ein ähnliches Verhalten habe ich bei menschlichen Sammler- und Jägergemeinschaften beobachtet. Ich bin Wölfen gefolgt, die einen Teil ihrer Beute nach Hause schleppten, um die Nahrung mit den Jungen oder anderen Rudelmitgliedern zu teilen, die nicht an der Jagd teilnehmen konnten. Und ich habe gesehen, wie sich Wölfe begrüßten. Die Rangniederen duckten sich vor dem dominanten Rudelmitglied nieder, sie leckten das Gesicht des alpha-Wolfes und klemmten ihren Schwanz zwischen die Beine.

Zwischen unseren beiden Arten gibt es so viele Ähnlichkeiten, daß mich meine Faszination für den Wolf nicht mehr überrascht. Obwohl zwischen Mensch und Wolf keinerlei genetische Verwandtschaft besteht, liefern uns die Wölfe bemerkenswerte Hinweise darüber, wie unsere frühen Sammler- und Jägergemeinschaften gelebt haben könnten bzw. sich entwickelten. Wir jagen, essen, sozialisieren und organisieren uns und vollziehen Rituale auf ganz ähnliche Weise. Wir leben in denselben Ökosystemen und haben früher eine ähnliche ökologische Balance aufrecht erhalten. Wir sind beide territorial.

Die Ojibwa-Jäger von Ravenwood kannten und bewunderten all diese Verhaltensweisen – wie die amerikanischen Ureinwohner anderswo auch. Der Wolf stand in ihren Augen für ein hohes Maß an Gewandtheit, Intelligenz, Beharrlichkeit und Stärke. Ihre Ehrfurcht zeigt sich in den verwitterten, mit Blut kolorierten Bildsymbolen auf Felsenklippen in ganz Nordamerika. Sie sahen einen Lehrer. Sie sahen einen Bruder. Sie sahen sich selbst.

Aus irgendeinem Grund begannen die abendländischen Menschen im Lauf der Zeiten, dem Wolf üble Eigenschaften zuzuordnen: Heimtücke, Dieberei, Mordlust. Was sie sahen, war nicht der Wolf. Was sie sahen, waren immer noch sie selbst.

Wölfe können sehr zärtlich sein.

siebenundsiebzig

Ein uraltes Versprechen

Der kalte Sonnenaufgang färbt den Schnee auf den dunklen Ästen des Waldes rosa. Ein schwacher, eisiger Wind bläst aus dem Norden. Der Jäger auf dem bewaldeten Bergkamm zieht seinen wärmenden Fellkragen fest zu. Leise wendet er sich auf seinen Mukluks aus Karibuleder um und geht vorsichtig bis zum Rand der kleinen Klippe, sowohl um sich in der fahlen Wärme der Sonne zu wärmen als auch in den uralten Einschnitt zu spähen, der sich durch den Granit-Bergkamm zieht. Er hält seinen kleinen Bogen und zwei Pfeile in der von einem Fäustling geschützten linken Hand und schiebt seine nackte, schußbereite rechte Hand in eine Falte seiner warmen Kleidung.

Die Karibus kommen. Er weiß es, weil er gestern hörte, wie die Raben dies den Wölfen mit krächzenden Schreien erzählten. Er glaubt, daß Raben weise sind, und daß sie mit den Wölfen reden, um ihnen die Beute anzukündigen. Die aasfressenden Vögel wissen, wenn die Wölfe gut fressen, werden auch sie Nahrung bekommen.

Letzte Nacht, als er mit seiner Familie im Schein des rauchenden Lagerfeuers saß, verbreiteten die Wölfe die Nachricht von den Karibus, als sie seinen Hunden in der kalten Dunkelheit zuheulten. Er sah den Hunger in den grünen Augen der Hunde, als sie wölfisch in den Schatten um das Lager herumrannten. Er sah auch den Hunger in den Augen seiner Familie. Alles erwartete die Ankunft der Karibus. In den dunklen Stunden des Wartens hat er leise zum Großen Geist gebetet, Gebete für den Geist der Karibus, die er töten würde, Gebete, in denen er um dieselbe Geschicklichkeit bat, mit

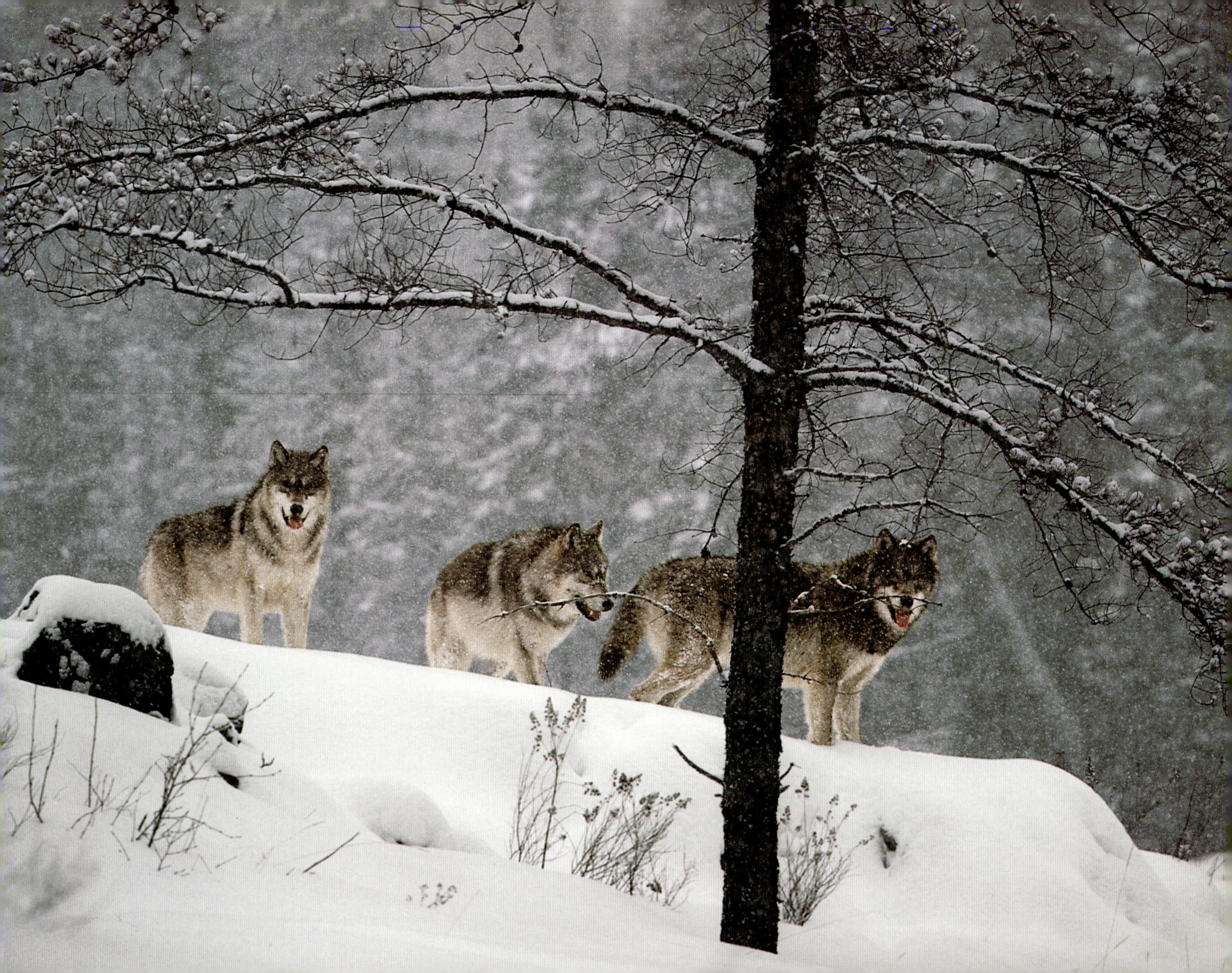

W̶OLFSGESPRÄCHE: OFT VERNEHME ICH AN DIESEM ORT DAS ECHO DER HEULENDEN WÖLFE.

achtzig

der Wölfe jagen. Und er stellte sich die Nahrung vor, die die Jagd liefern würde. Leise prüft er seinen Bogen, betastet die Steinspitzen seiner Pfeile und glättet die Gänsefedern an den Schäften mit seinen Fingern.

Nun, da die Jagd unmittelbar bevorsteht, fallen ihm diese Gebete und Vorbereitungen wieder ein. Der Schnee hatte seine Schritte gedämpft, als er sich in der Dunkelheit zwischen den Espen und Kiefern dem Aussichtspunkt oberhalb des Einschnitts durch den Hügelkamm näherte. Jedes Jahr, nachdem die Seen zugefroren waren, zogen die Karibus nach Süden in ein Gebiet mit dicht stehenden Kiefern, wo sie das herabhängende Moos von den Ästen fraßen und Schutz vor dem tiefen Schnee fanden. Jedes Jahr führte sie ihre kurze Wanderung durch den schmalen Einschnitt in dem felsigen Hügelkamm. Entlang ihrer gesamten Route warteten Jäger auf sie oder setzten ihnen nach: Wölfe, Hunde und Menschen.

Es war ein Pakt, ein Bündnis zwischen allen Lebewesen. Er war ausgewogen, er war notwendig und gerecht. Karibus starben, damit Jäger leben konnten, und die Jäger töteten nur so viele, wie sie brauchten. Im Gegenzug lasen die Jäger die Schwächsten der Herde aus und sicherten damit, daß die Herde niemals zu groß wurde für die vorhandene Nahrung.

Der Einschnitt war ein guter Platz, um auf die Karibus zu warten. Der Vater seines Vaters hatte ihn entdeckt, und jedes Jahr schlugen sie ihr Lager am singenden Bächlein in der Nähe auf, um auf das Geschenk der Karibus zu warten.

Er hatte die Wärme des Lagers nahe dem murmelnden Wasserfall verlassen, um unter den weißen, glänzenden Sternen auf Pirsch zu gehen; auch sein Bruder war aufgebrochen, er hatte die jagdlüsternen Hunde bei sich und zog nach Norden zum zugefrorenen See. Dort würde sein Bruder sich verstecken. Sobald die Karibus die weiße Eisfläche kreuzten, um im Wald zu verschwinden, würden Mann und Hunde schnell hinter ihnen herlaufen und sie zum Einschnitt in der Klippe, auf den wartenden Bogenschützen, zutreiben. Jetzt denkt er, aufgewühlt vor Erregung, an seinen Bruder. Er darf nicht vorbeischießen. Der Winter wird lang werden, und die Jagd später viel schwieriger. Das Karibufleisch wird in dem eisigen Wetter in einem Versteck monatelang frisch bleiben. Er streift den Köcher mit den Pfeilen ab und lehnt ihn in Reichweite an. Wenn die Karibus schnell unten vorbeieilen, wird er so viele schießen, wie der Große Geist erlaubt. Die Tiere, die nicht gleich am scharfen Einschnitt seiner Pfeile mit den Steinspitzen sterben, werden sie später, mit Hilfe der Hunde, endgültig zur Strecke bringen.

Als er ein fernes Geräusch hört, bewegt er sich nicht mehr, hört auf, nachzudenken. Er wendet seinen Kopf nach Norden. Er schließt die Augen, um Ohren und Geist besser auf sein Ziel richten und um die Quelle des Geräusches orten zu können. Er neigt seinen Kopf nach vorn, damit die Pelzkrause auf seinem Kragen nicht in den Ohren raschelt. Seine Frau hat ihm das schwarze Haar in Vorbereitung der Jagd zu einem Zopf geflochten. Es wird sein Gehör nicht behindern. Er hält den Atem an.

Da! Das Geräusch ist jetzt lauter, und es ist das Geräusch scharrender Hufe im Schnee. Im Norden. Ja. Nahe dem Eingang zum Einschnitt. Seine Nasenflügel sind gebläht, die Muskeln angespannt, die Knie einsatzbereit gebeugt. Er hört das schwere Keuchen eines rennenden Hundes oder Wolfes. Vielleicht seine hochgeschätzte Hündin, in der die Wolfsahnen noch so lebendig sind. Ein verschmitztes Lächeln kräuselt seine Lippen. Sie scheint immer zu wissen, wo er ist, macht nur selten Fehler, wenn sie ihm Beute zutreibt. Er öffnet seine Augen. Oberhalb des Tales sieht er einen Raben, der ruhig auf einem hohen Baumstumpf wartet. Unterhalb des Einschnitts sieht er eine Bewegung durch die schneebeladenen Zweige, dann hört er das seltsame, klickende Geräusch der Karibuknöchel.

Die Farbe der Timberwölfe variiert von Schwarz bis beinahe Weiß.

Spiele sind ein wichtiges Element in der
Entwicklung aller höheren Säugetiere.
Bei Wölfen kommt dem Spiel nicht nur
besondere Bedeutung in der Entwicklung
des Einzelnen zu, sondern es bestimmt
und erhält auch die Rudelhierarchie.
Wölfe fordern ihre Beute heraus und
prüfen sie; auf einer weniger tödlichen
Ebene dient Spielen dazu, sich gegenseitig
herauszufordern und zu prüfen.
Oftmals gleichen ihre Spiele unserem
Versteckspiel.

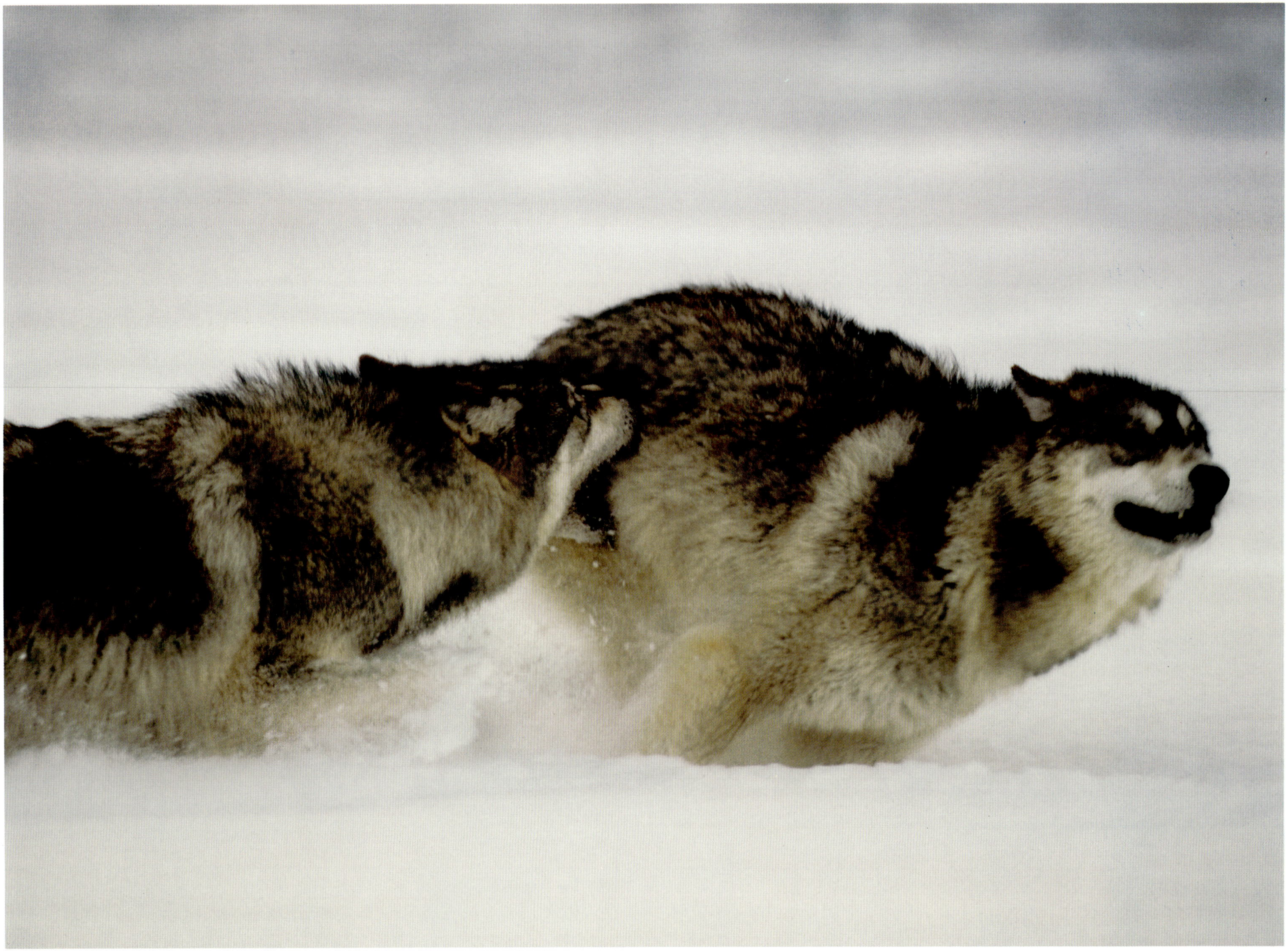

Der Schnee stiebt von den Fichtenzweigen, als ein Karibubulle, das Geweih voran, in den Einschnitt stürmt. Dampf vernebelt seine Schnauze. Jetzt folgen weitere Karibus. Die Hunde beunruhigen die Herde, halten sie in Bewegung und zusammen, treiben sie durch den schmalen Einschnitt. Noch einmal fleht er den Großen Geist an, richtet seine Gedanken auf die Karibus und spannt seinen Bogen. Die Karibus sind gekommen.

Als sich die Gletscher vor etwa 10.000 bis 12.000 Jahren nordwärts aus dem Ravenwood-Land zurückzogen, wuchs an ihrer Front eine steinige Tundra. Jäger folgten ihren Jagdtieren, die folgten den Pflanzen und die wieder dem zurückweichenden Gletscher.

Damals, so glaube ich, kam es zu einer ersten Partnerschaft zwischen Mensch und Tier.

Dieses Tier war der Wolf. Im Laufe einer langen Verbindung zwischen diesen beiden Jägern wurde aus Canis lupus, dem Wolf, Canis familiaris, der Haushund. Moderne genetische Testmethoden können zwischen der DNA eines Wolfes, eines Schakals oder eines Fuchses unterscheiden. Aber diese Tests zeigen keine Unterschiede zwischen Wölfen und Hunden auf. Bisher ist es der Wissenschaft noch nicht gelungen, einen genetischen Marker zu finden, der die DNA eines Hundes von der des Wolfes trennt, obwohl sich die beiden anhand von Enzymen oder Schädeln durchaus unterscheiden lassen. Einfach gesagt, der Wolf ist der Hund – der Hund, von dem alle domestizierten Rassen abstammen. Sieht man den grauen Wolf, sieht man den archetypischen Hund, den Prototyp, den Urahn.

Die meisten Arbeitshunde, vom Schäferhund bis zum Retriever, haben noch im wesentlichen den Körperbau und die Knochen des Wolfes. Und die Gene jeder Art – Hunde, Menschen und anderer – bieten Spielraum für ein breites Spektrum körperlicher Merkmale. So gibt es bei Menschen wie bei Hunden z.B. vielfältig gefärbte Haare, Haut und Augen. Die Körperlänge von Menschen schwankt dabei stark – nicht unähnlich der Größenspanne bei Hunden. Früher glaubten Wissenschaftler, daß der Wolf/Hund sich auch mit hundeartigen Arten wie dem Schakal paarte, und so die große Spannweite von Formen und Größen bei Canis familiaris noch vermehrte. In jüngerer Zeit hat sich jedoch die Theorie durchgesetzt, daß allein der Wolf zum genetischen Material des Hundes beitrug.

Die Familie Canidae umfaßt alle wilden und domestizierten Hunde. Unsere Schoßhunde gehören ebenso dazu wie Wölfe, Füchse, Kojoten und Schakale – etwa 35 lebende Arten weltweit. Die Mitglieder dieser Familie leben in allen Kontinenten mit Ausnahme der Antarktis und Australien. Der australische Dingo, heute ein Wildhund, wird als Haushund gedeutet, der von den Aborigines auf den Kontinent mitgebracht wurde und später wieder verwilderte.

Vor rund neun Millionen Jahren nahmen wahrscheinlich im heutigen Nordamerika die Ahnen unserer heutigen Caniden Formen an, die wir als Typen von Wölfen, Schakalen und Füchsen erkennen würden. Vor acht Millionen Jahren, während des Miozäns, wanderten diese Tiere nach Asien aus und breiteten sich schließlich über den europäischen Kontinent aus.

Man vermutet, daß vor etwa zwei Millionen Jahren einige dieser Tiere, die sich in Asien weiter entwickelt hatten, während der Periode der großen Wanderungen nach Nordamerika zurückkehrten. Während jener Zeit lebte z.B. in Nordamerika der Eiszeitwolf, der in relativ junger Zeit ausstarb.

Ein Wolf auf der Pirsch bei -30°C.

fünfundachtzig

Wann genau Menschen und Wölfe ihren ursprünglichen Pakt schlossen, ist unbekannt. Wir wissen aber, daß sich Überreste von Hunden in 12.000 Jahre alten, menschlichen Wohnstätten gefunden haben. In der Gegend von Natufian, in Nordisrael, fand man das Skelett eines Hündchens neben den Überresten eines Menschen. Offensichtlich hatte man die beiden zusammen begraben.

Haushunde sind auch in England (11.000 Jahre alt) und in Idaho (mindestens 10.000 Jahre alt) ausgegraben worden. Alle diese Funde sind älter als die Erfindung der Landwirtschaft und die Domestikation jedes anderen Tieres. In einigen Fällen wurden noch ältere Fundorte entdeckt. Die dort gefundenen Überreste können nicht eindeutig als Hund oder Wolf identifiziert werden, und es bleibt offen, ob die Tiere wirklich mit den Menschen zusammenlebten.

Am aussagekräftigsten ist der Fundort in Israel. Da beide gemeinsam begraben wurden, belegt er eindeutig, daß zwischen Menschen und Hunden eine gewisse Beziehung bestand. Man fand die linke Hand des Menschen um die Brust des Hündchens gelegt, als wolle er es wiegen.

Die Archäologie wird auch weiterhin die Zeitpunkte aller Anstrengungen und Leistungen unserer Rasse weiter zurückdatieren. Nehmen wir an, daß die frühen Menschen, die den Wolf in ihre Gruppe aufgenommen hatten, keinen Grund sahen, das Tier zu verändern, und daß der Wolf/Hund unser erstes Haustier war, dann wage ich zu spekulieren, daß irgendwann der Beleg dafür auftaucht, daß die Verbindung zwischen den beiden Arten schon 20.000 oder sogar 30.000 Jahre zurückreicht, und daß die Entwicklung vom Wolf zum Hund eine sehr lange Zeit dauerte. Letzten Endes war der ursprüngliche Grund für unseren Bund mit dem Wolf höchstwahrscheinlich die Jagd – eine Aufgabe, an die der Wolf bereits gut angepaßt war. Bis auf das Temperament hätte unser Partner nur wenig verändert werden müssen. Wölfe geben keine guten Spielkameraden ab, aber diese frühen Menschen suchten auch nicht nach Schoßhunden.

Heute erscheinen uns einige der Eigenarten des Wolfes kaum wünschenswert für einen Partner. Wölfe sind überempfindlich. Sie neigen dazu, alles anzunagen und zu zerstören. Sie sind weder stubenrein noch lassen sie sich in dieser Hinsicht erziehen, und ihr Verhalten ist vielleicht auch zu aggressiv. In einem Stamm von Sammlern und Jägern hätten diese Eigenarten jedoch kaum etwas ausgemacht. Wölfe dürften sich mit geringfügiger Anpassung in frühe menschliche Gemeinschaften ohne nennenswerte Probleme eingefügt haben.

Vielleicht finden sich noch in sehr frühen, bislang noch nicht entdeckten Fundorten, die Skelette echter Wölfe in Verbindung mit Menschen. Allerdings wäre es dann schwierig zu entscheiden, ob wir den Wolf nur getötet und gegessen haben, oder ob Mensch und Wolf zusammen töteten und zusammen aßen. Es wäre nicht einmal erforderlich gewesen, mit Wölfen zusammenzuleben, um mit ihnen eine enge Beziehung aufzubauen. Erst nachdem sich die beiden Arten aneinander gewöhnt hatten und begannen, miteinander zu arbeiten, kam es vielleicht zu einer echten, dauerhaften Partnerschaft und schließlich zur Domestikation. Es wäre möglich, daß diese symbiotische Beziehung zwischen Wölfen und Menschen beide zu den verbreitetsten Säugetieren auf dieser Erde gemacht haben.

EIN OTTER, AUF DER HUT VOR GEFAHR.

Wölfe rollen sich in Resten der Ottermahlzeit.

siebenundachtzig

achtundachtzig

neunundachtzig

neunzig

Gelegentlich laufen Wölfe den Menschen hinterher, eine Eigenschaft, die meine Nachbarn in Ravenwood ziemlich nervös macht. Manche schreiben dieses Verhalten des Wolfes seiner Neugier zu, während andere es als eine Bedrohung empfinden. Ohne Zweifel trifft eher ersteres zu – nicht nur, weil der Wolf ein intelligentes Tier ist, sondern auch, weil der Wolf seit Urzeiten von den Jagderfolgen der Menschen profitierte. Hier in Minnesota fressen Wölfe häufig verwundete Hirsche, die menschlichen Jägern entkommen sind – und das sind Jäger, deren hochentwickelte Waffen den Verlust eines Hirsches viel unwahrscheinlicher machen, als dies bei unseren steinzeitlichen Ahnen vorgekommen sein dürfte.

Zu glauben, daß Wölfen die Jagdaktivitäten unserer Ahnen nicht bewußt waren – denselben Wölfen, die jeden Hügel, jeden Baum und jedes Bächlein in ihrem Revier kennen – ist töricht.

Trotz ihrer herausragenden Fertigkeiten müssen frühe Menschen wegen ihrer primitiven Waffen bei der Jagd eine hohe Fehlerquote gehabt haben. Da sich Wölfe häufig darauf verlassen, schwache oder verletzte Beutetiere zu finden, wäre die Taktik, menschlichen Jägern zu folgen, sehr erfolgversprechend gewesen. Auf diese Weise konnten Wölfe entkommene, verwundete Beutetiere fangen. Obwohl außerdem eingeborene Jäger die meisten Teile der Jagdbeute hervorragend verwerteten (und verwerten), gibt es immer noch Reste, die zwar Wölfen, nicht aber den Menschen schmecken. Indem Wölfe hinter uns herzogen, fanden und fraßen sie diese Brocken.

Vielleicht sind wir so zu einem Umweltfaktor in der Nahrungsaufnahme der Wölfe geworden – so wurde die Jagd für den Wolf leichter und vorhersagbarer, als wenn er nach altersschwachen oder kranken Beutetieren hätte suchen müssen. Wahrscheinlich geht das Verhalten, den Menschen zu folgen, auf die frühesten Begegnungen mit Menschen zurück.

Solche frühen Verbindungen erscheinen nicht nur sinnvoll, ich glaube sogar, sie waren üblich. Und wahrscheinlich haben wir im Gegenzug auf Kosten des Wolfes profitiert. Obwohl sicher kein menschlicher Jäger mit einem jagenden Wolfsrudel mithalten kann, dürften wir bei Gelegenheit über einen frischen Wolfsriß gestolpert sein, die Wölfe mit Feuer oder Waffen vertrieben und so das Festmahl für uns beansprucht haben. Dann und wann töten Wölfe mehr, als sie unmittelbar verzehren können und verstecken die Reste ihrer Beute. Erfahrene und umsichtige Menschen haben diese Beute sicherlich oft für sich beansprucht. Ich habe beobachtet, wie Wölfe 4 bis 7 kg schwere Teile von Kadavern vergruben – eine gute Mahlzeit für eine kleine Menschenfamilie. Es ist ziemlich unwahrscheinlich, daß ich der erste Mensch sein sollte, der das jemals beobachtet hat.

Es gibt die verschiedensten Erklärungsmöglichkeiten, wie es zur ersten Lebensgemeinschaft zwischen Wölfen und Menschen gekommen ist. Alle Erklärungsversuche gehen von der Annahme aus, daß beide Arten in enger Nachbarschaft zueinander lebten, sich kannten und gegenseitig tolerierten. Damals existierte sicherlich nicht die Feindseligkeit heutiger Zeit; sofern doch, hätten wir versucht, jeden Wolf zu töten, der uns begegnete, statt ihn bei uns aufzunehmen.

Der Anfang unserer langen Beziehung könnte sich sehr einfach entwickelt haben. Wenn die Wölfe uns gefolgt sind und die Reste unserer Beutetiere gefressen haben, könnten sie von uns abhängig geworden sein. In Ravenwood habe ich junge, unerfahrene Wölfe gesehen, die dadurch 'verdorben' wurden, daß ich ihnen zu oft Fallwild anbot. Ihre bereitwillige Abhängigkeit ist leicht zu verstehen – Aasfressen ist einfacher und weit weniger gefährlich, als selbst Beute zu reißen.

Andererseits könnten auch die Menschen von den Wölfen abhängig geworden sein. Wir sind stets den Weg des geringsten Widerstandes gegangen. Wölfe von ihrem Riß zu vertreiben, die Fleischreste eines Kadavers zu verwerten oder verwundete Beutetiere einzusammeln, könnte sehr wohl unser eigenes Überleben gefördert haben.

Vor jeder Jagd heulen Wölfe erregt. Genau wie ich in der Lage war, Beutetiere dadurch zu lokalisieren, daß ich den Wolfsbau beobachtete und die Richtung feststellte, in die die Wölfe zur Jagd aufbrachen oder aus der sie zurückkehrten, wurden vielleicht auch die Frühmenschen von den Wölfen auf Beutetiere aufmerksam gemacht. Kein Mensch, dessen nacktes Überleben davon abhing zu wissen, wo sich Beute finden ließ – insbesondere Menschen, die von umherziehenden oder wandernden Herdentieren abhängig waren – hätte darauf verzichtet, besonders aufmerksam auf Wölfe zu achten, die sich auf eine Jagd vorbereiten. Selbst wenn sie während der eigentlichen Jagd nicht mit den Wölfen mithalten konnten, nicht beim Riß dabei waren, oder selbst kein Tier erlegen konnten, hätte es die Mühe gelohnt, rechtzeitig einzutreffen, um sich ein ordentliches Stück des Tieres abzuschneiden.

Der Wildbiologe Dr. Victor Van Ballenberghe aus Alaska bestätigt dies. Als er in Minnesota Wölfe verfolgte und studierte, schnitt er sich gelegentlich ein Wildbretsteak von einem frischen Wolfsriß ab. Er glaubt, daß ein Hartgesottener, der sich auf diese 'Aasesserei' spezialisiert, den ganzen Winter überleben könne. Eine ähnliche Erfahrung schildert auch der frühe Wolfsforscher Sigurd Olson in seinem Essay 'A Mountain Listens'. Darin beschreibt er, wie er Zeuge eines Wolfsrisses wurde und der Weißwedelhirschkuh eine Keule abschnitt. Als Olson sich seinen Teil holte, zog sich der Wolf nur etwas zurück. Zweifellos sind diese beiden Männer nicht die ersten, die ihre Mahlzeit mit den Wölfen teilten.

Solche Szenen müssen sich über Tausende von Jahren überall auf der Erde immer wieder abgespielt haben, denn wir beiden, einander ähnlichen Jäger lebten von denselben Beutetieren.

Dennoch, an einem Punkt entschieden wir uns, mit einem Wolf zu leben – oder der Wolf mit uns. Diese tiefreichende Wahl kann per Zufall geschehen sein, vielleicht, als besonders tolerante Wölfe (jeder Wolf hat seine eigene Persönlichkeit), die faul oder abhängig von unserer Jagdbeute wurden, begannen, sich regelmäßig bei unseren Lagern aufzuhalten. Obwohl ein wilder Wolf noch lange kein Hund ist, der Bedarf an Futter ist beiden gemeinsam. Wenn ein frühzeitlich hominider Jäger einen Vorteil darin erkannte, Wölfe in seiner nächsten Umgebung zu haben und ihnen Fleischbrocken oder Knochen zuwarf, hätten die Wölfe rasch Menschen mit Futter in Verbindung gebracht.

Um es noch einmal zu betonen, ich glaube nicht, daß diese Leute die Wölfe fürchteten. Überall in der Welt greifen sich Raubtiere untereinander nur selten an, und wir waren hervorragende „Raubtiere". Ein anderes Raubtier anzugreifen, das weder uns selbst noch unseren Lebensunterhalt direkt

Wölfe haben offensichtlich Spass beim Heulen.

dreiundneunzig

bedroht, hieße nur zu riskieren, getötet oder verletzt zu werden. Unter solchen Umständen eine Partnerschaft mit Wölfen einzugehen, hätte große Vorteile bei minimalem Risiko bedeutet.

Vielleicht hat ein Mensch mit großen Visionen die Vorteile einer Partnerschaft mit dem Wolf deutlich erkannt und sich ganz bewußt für eine Beziehung mit diesem Tier entschieden. Vielleicht fand auch ein Kind einen verlassenen Welpen, nahm ihn mit nach Hause und zog ihn auf. Der erwachsene Wolf dürfte seinen Wert für sein angenommenes 'Rudel' sehr schnell bewiesen haben. Ob diese Verbindung aber nun Eingebung oder Zufall war, sie hat den Verlauf unserer Geschichte auf eine höchst wichtige – und gleichermaßen unbegreiflicherweise nicht genug beachtete – Art und Weise einschneidend geprägt und neu geformt.

Während viele Wissenschaftler darüber spekulieren, ob wir den Wolf als Jagdgefährten aufnahmen, haben nur wenige das Ausmaß dieser Hilfe oder die zahlreichen anderen Vorteile, die ein Wolf als Partner mit sich brachten, verstanden. Vielleicht ist es notwendig, längere Zeit in der Wildnis zu verbringen, um zu begreifen, wie hart das Leben dort sein kann. In dem Land um Ravenwood fallen die winterlichen Temperaturen häufig auf 30°C unter Null ab. Wölfe müssen wie die frühen Menschen oftmals weite Strecken zurücklegen, um endlich Beute zu finden, und sie müssen jedes Tier, das sie erspähen, abschätzen können. Hirsche sind äußerst wachsam und schnell. Ich habe Spuren im Schnee gefunden, die zeigten, daß ein Hirsch Wölfe in der Nähe eines gefrorenen Seeufers witterte, blitzartig die Richtung änderte und überstürzt mit 4 m weiten Sätzen davonsprang.

Weder einem Wolf noch einem menschlicher Jäger fällt es leicht, solch ein wachsames und flinkes Tier zu töten. Die Kombination unserer jeweiligen Spezialitäten – Hetzjagd und scharfe Waffen – schufen sicher eine neue Dimension, die Mensch wie Wolf Vorteile bot. Aber der Wolf und der Hund haben mehr getan, als uns nur bereitwillig zu helfen. Indirekt unterstützen sie unsere Ausbreitung, und davon haben beide Arten profitiert.

Die größten Vorteile hatten jedoch die Menschen. Stellen sie sich einen primitiven Jäger vor. Er ist nicht besonders schnell. Als er erstmals eine Verbindung mit Wölfen eingeht, hat er nur einfache Waffen, wahrscheinlich nur Speere. Er kann leicht angegriffen und verletzt werden, wenn er versucht, größere Beute zu töten. Er verliert regelmäßig Tiere, die er mehr oder weniger nur verwundet hat.

Nun zum Wolf/Hund. Er ist schnell und sehr ausdauernd. Er braucht keine Waffen, er selbst ist die Waffe. Er ist schnell genug, um den meisten Angriffen zu entgehen. Er hat einen starken Beschützerinstinkt, daher könnte er angegriffene Menschen retten – oder mindestens die Aufmerksamkeit der Beute auf sich ziehen, während der Mensch entflieht oder das Beutetier tötet. Und nur wenige Tiere, verwundet oder nicht, entgehen den Sinnen eines Wolfes. Ich war mit den Inuit unterwegs, die ihre wolfsähnlichen Schlittenhunde nutzen, um Eisbären abzulenken, während sie ihn aus nächster Nähe töten.

Unser Partner, der Wolf/Hund, wurde unsere erste 'raffinierte' Waffe. Unser Wolf konnte Tiere zu Tode hetzen, die zu schnell waren für uns, sie packen und festhalten, bis unsere Speere zustießen und ihm den Rest gaben. Sie konnten uns Tiere zutreiben, während wir im Hinterhalt warteten. Es wäre

Zum Norden erkennt man am Horizont die Wildnis Kanadas.

fünfundneunzig

nicht mehr nötig gewesen, zielsicher zu töten, denn mit einem Rudel Wölfe oder Hunde wäre ein verwundetes Tier wohl kaum entkommen. Mit denselben Fähigkeiten, Spuren zu lesen, hätte er auch die Jagd beginnen und uns zur Beute führen können. Der Geruchs- und Hörsinn des Hundes ist den unseren weit überlegen, und unsere Erfolgsaussichten erhöhen sich enorm, wenn wir zusammen jagen.

All das hatte nachhaltige Folgen.

Bessere Jagd heißt mehr Nahrung bei weniger Energieaufwand. Zusammen mit dem Wolf/Hund war die Nahrungsbeschaffung um einiges ungefährlicher. Mit mehr Nahrung, mehr Energie und reduzierter Gefahr, lebten wir höchstwahrscheinlich gesünder und länger. Als bessere Versorger bekamen wir mehr und gesündere Kinder. Wir fanden die Zeit, Werkzeuge, Schmuck und Kleidung aus den Tieren, die wir erbeuteten, herzustellen. Mit dem Wolf/Hund waren wir außerdem beweglicher, denn wir konnten sie als Packtiere nutzen, um die Nahrung zurück ins Lager zu transportieren.

Denken sie an diesen Vorteil. Mit Packtieren konnte sich ein gänzlich neuer Lebensstil entwickeln. Wir konnten ein dauerhafteres Haus errichten, denn nun konnten wir, die Jäger, weiter ausziehen und dennoch große Lasten nach Hause schleppen. Ich hatte früher einen großen Malamut (Eskimo-Hunderasse) mit dem Namen Chinook. Er hat öfters meine Kameraausrüstung, die sicher an die 14 kg wog, in abgelegene Gebiete geschleppt. Stellen Sie sich vor, wie effizient Sie große Nahrungsmengen transportieren könnten, wenn Sie die Hilfe von sechs solcher Tiere hätten. Mit Hilfe der Lasthunde hätten sich unsere Wanderungen viel weiter ausdehnen können. Spanische Eroberer, die in die amerikanischen Prärien eindrangen, bevor Indianer Pferde kannten, sahen Stämme, die ganze Dörfer mit Packzügen aus 500 Hunden transportierten. Ich glaube nicht, daß dies eine jüngere Entwicklung war.

Seit langem übernehmen unsere Hunde die Wache. Ohne Zweifel haben jene, die vor uns kamen, diese wertvolle Eigenschaft bei ihren Hundebegleitern früh entdeckt. Während sie fern von zu Hause auf der Jagd waren, bewachten zusätzliche Wölfe oder Hunde die im Lager zurückgebliebene Familie. Der Wolf ist von Natur aus ein territoriales Rudeltier, daher war es leicht, seine Treue auf ein menschliches 'Rudel' zu übertragen, ein Charakterzug, den wir noch heute unterstützen. Denken Sie an die Vorteile, solche Beschützer zu haben!

Alte und Junge konnten im Lager zurückbleiben, während die Jäger und Sammler mit der Gewißheit draußen waren, daß ihre Lieben von loyalen Wächtern geschützt wurden.

Ich erinnere mich daran, eine ganze Nacht durchgeschlafen zu haben, während ich nahe eines Passes über die kanadischen Rocky Mountains, den regelmäßig ein Grizzly benutzte, mein Lager aufgeschlagen hatte. Ich schlief ohne Furcht, denn mein Malamut Chinook erfüllte seine Aufgabe als Frühwarnsystem. Jeder, der im Bärengebiet geschlafen hat, weiß um die Sicherheit, sein Zelt mit einem Wachhund zu teilen. Die Bedeutung einer durchgeschlafenen Nacht sollte nicht unterschätzt werden. Eine Familie in ihrer Höhle oder Hütte konnte ruhig schlafen, denn sie wußte, daß ihr Wolf/Hund herumstreifende Raubtiere vertreiben würde, oder daß die Hunde sie zumindest vor dem Angriff warnen würden.

Die erste Führerrolle: Ein Zeichen der Vormachtstellung.

siebenundneunzig

achtundneunzig

Mit mehr Gemütsruhe, größerer Mobilität, mehr Nahrung und besserer Gesundheit hatten Menschen mehr 'Freizeit', um nachzudenken oder schöpferisch tätig zu sein. Vor etwa 20.000 bis 30.000 Jahren breiteten sich die Menschen aus, erfanden neue und bessere Werkzeuge und Waffen und entwickelten so ausgeprägte Kulturen und Glaubensvorstellungen, wie noch heute zahlreiche Grabstätten und Höhlenmalereien belegen. Wieviel dieses Fortschrittes läßt sich unserer Zusammenarbeit mit dem Wolf/Hund zuschreiben? Steht damit auch die rapide Ausbreitung unserer Rasse über die Erde in jener Periode in Zusammenhang? Haben die Dinge, die nur geringe archäologische Spuren hinterließen, vergängliche oder abstrakte Dinge wie Kleidung, Sprache und Intellekt, ebenfalls zu jener Zeit an Bedeutung gewonnen?

Ob wir die menschlichen Errungenschaften nur dem Zusammenspiel von Ereignissen oder auch der Anwesenheit und Hilfe des Wolfes/Hundes verdanken, bleibt dahingestellt.

Der Bergeinschnitt durch den Granitkamm, wo der Jäger sein Karibu erlegte, befindet sich seit jeher nahe Ravenwood. Obwohl die Karibus verschwunden sind, ziehen immer noch Weißwedelhirsche durch die Klamm. In den Wäldern warten die Wölfe auf sie.

Wir sind über Millionen von Jahren Raubtiere gewesen. Wir haben uns nicht sehr verändert, weder in der Gestalt noch in unseren Vorlieben. Doch es ist viel darüber geschrieben worden, wie wir den Wolf/Hund verändert haben.

Wissenschaftler haben behauptet, daß sich die Vielfalt abweichender, menschlicher Verhaltensweisen in dem widerspiegelt, was aus unseren Hundekameraden geworden ist. Das möchte ich bezweifeln. Ich habe mein ganzes Leben mit Hunden zusammengelebt und einen Großteil meines Lebens Wölfe beobachtet. Daher sehe ich den Wolf im Hund und den Hund im Wolf. Je mehr ich darüber nachdenke, desto weniger Unterschiede sehe ich zwischen den beiden.

Ich habe friedliche, wilde Wölfe gesehen, selbstsicher und zutraulich, die drei Meter von mir entfernt saßen. Diese Qualitäten schätzen wir an einem Hund. Ich habe auch das wilde Gegenstück des nervösen, überempfindlichen Hundes gesehen – hin- und herlaufende, nervöse Wölfe, die bei Lärm oder Störungen zusammenzuckten.

Hunde sind in der Regel ruhiger; Wölfe reagieren auf fast alles, aber tief im Innern haben beide dieselben Verhaltensweisen.

Wir haben die ruhigeren Wolfshunde für die Domestikation ausgewählt. Einige der heutigen Hunde sind jedoch nur wenig entspannter als ein ruhiger Wolf. Es scheint sinnvoll, daß wir nur die ruhigeren Wölfe zähmen konnten; die nervösen unter ihnen hätten sicherlich ihren Sicherheitsabstand gewahrt.

Wir schätzen an Hunden, daß sie gute Gefährten sind. Hunde scheinen fast unsere Gedanken lesen zu können; sie reagieren, wenn wir unglücklich oder fröhlich sind. Sicher wird die Freude an dieser Partnerschaft nicht dadurch gemindert, wenn wir verstehen, daß ihr 'sechster Sinn' auf ihrer scharfsinnigen Fähigkeit beruht, unsere Körpersprache zu lesen. Mit dem gleichen Geschick halten Wölfe durch körperliche Gesten die Hierarchie des Rudels aufrecht. Daß wir eine andere Art so lieben können, ihren Tod betrauern

Der prachtvolle Frauenschuh, eine Orchidee, die in Ravenwood wächst.

und sie vermissen, wenn sie nicht da sind, spricht Bände über menschliches Mitgefühl. Es sagt aber auch viel über den Hund.

Ich habe Naturvölker gesehen, die ihren Arbeitshunden nur wenig Liebe entgegenbrachten, insbesondere im hohen Norden, ehe Motorschlitten eingeführt wurden. Ich glaube aber nicht, daß unsere Liebe für bestimmte Hunde eine moderne Erfindung ist. Die von mir beschriebene Grabstätte in Israel zeigt, daß sich bereits sehr früh eine geschätzte Partnerschaft entwickelte. Es ist undenkbar, daß gefühlsbetonte Bande nicht schon vor langer Zeit auftraten.

Denken wir auch an die am meisten respektierten und geschätzten Hunde: Blinden- und Wachhunde. Sie zeigen dieselbe Intelligenz und Fähigkeiten, die uns veranlaßt haben, den Wolf zu adoptieren. Wenn wir uns der Sinne eines Labrador-Blindenhundes bedienen, unterscheidet sich das – wenn auch mit anderem Zweck – nicht sehr von einem Wolf, der einem Jäger half, eine wilde und fremde Umwelt zu erkunden.

Und der Wachhund, sei es eine Promenadenmischung, die auf einem Firmengelände herumstreift oder ein Deutscher Schäferhund als Partner des Polizisten, unterscheidet sich nicht sehr von dem Wolf, der unsere Höhlen bewachte. Daß wir uns auf solche Hunde verlassen, nahm sicher seinen Anfang in einem frühen Vertrauen in den Wolf/Hund.

Machen wir keinen Fehler! Ein Wolf ist kein Hund. Dessen Temperament hat sich über einen langen Zeitraum geändert, und ich will die Versuche nicht entschuldigen, durch Kreuzungen erneut den langen Prozeß der Domestikation zu wiederholen. Ich will nicht abstreiten, daß es ein reizvoller Gedanke ist, sich auf die unverfälschte Intelligenz eines Wolfes zu verlassen und mit ihm zu leben. Solche Eigenschaften mögen manche Leute dazu bewegen, einen Wolf oder Wolfsbastard zu besitzen. Allzuoft nehmen jedoch solche zahmen Wölfe ein trauriges Ende: Große und zu aggressive Tiere werden ihren Besitzern lästig, werden eingeschläfert oder landen in einem Käfig. Manche versuchen sogar, diese unglücklichen Tiere in die Wildnis freizulassen, wo sie verhungern oder beginnen, Vieh zu reißen – Raubzüge, die dann den Wölfen in die Schuhe geschoben werden.

Obwohl der Wolf kein Hund ist, ist dennoch der Hund eine Art Wolf. Ich glaube, er ist Teil eines alten Paktes, der geschlossen wurde, als beide Arten noch jung und das Land unberührt war, und die Lebensgier der Wildnis noch durch ihre Adern floß.

Der Hund ist ein Überbleibsel dieses Bündnisses. Seine ursprüngliche Leidenschaft steckt noch in ihm, weniger verdrängt als bei uns. In Teilen von uns klingt diese Leidenschaft noch an, und wir erinnern uns an unsere Dankesschuld.

Der Wolf war unser Partner, fast so lange, wie wir erfolgreich Werkzeuge verwenden. Jetzt sitzt der „Wolf", den viele so gehaßt haben, am Herd unseres Nachbarn, trägt ein Halsband und kaut an einem Lederspielzeug. Man kann sich nur darüber wundern, warum wir begannen, Bruder Wolf zu hassen und zu fürchten, besonders da wir den Hund so lieben und schätzen. Darin liegt ein Stück Bigotterie.

Liegt es daran, daß uns Bruder Wolf an ein altes, vergessenes Versprechen erinnert?

Das Rudel hört einen heulenden Wolf über eine Entfernung von fünf Meilen.

einhundertundeins

In Gesellschaft von Wölfen

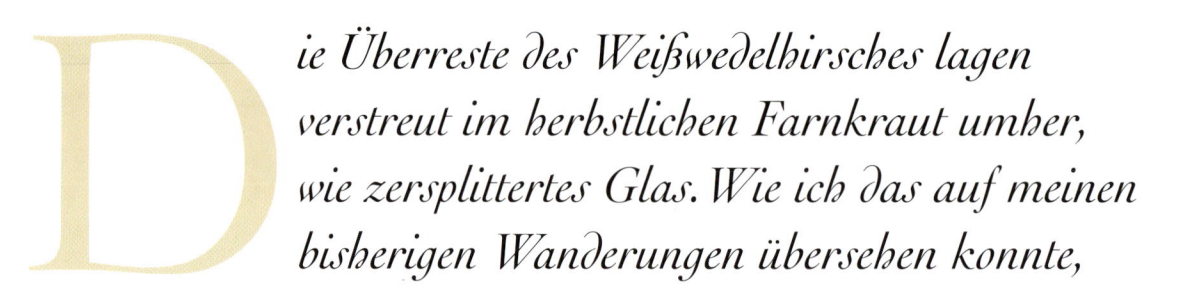

Die Überreste des Weißwedelhirsches lagen verstreut im herbstlichen Farnkraut umher, wie zersplittertes Glas. Wie ich das auf meinen bisherigen Wanderungen übersehen konnte, werde ich wohl niemals erfahren, denn ich war schon oft in dieser Gegend, seit der Hirsch im vorigen Winter hier seinen Tod fand. An diesem frostigen Tag, als der Herbstwind die letzten verwelkten Blätter von den Espen blies, beugte ich mich über die grauen Überreste.

Ich untersuchte die Spuren wie ein Gerichtsmediziner. Knochen, die zerbissen worden waren, um an das nährstoffreiche Mark zu gelangen, wiesen deutlich auf einen Wolfsriß hin. Überall lagen Büschel von Hirschhaaren herum, die Wölfe und der Wind hochgeschleudert hatten. Ohne die Haare wäre es mir kaum möglich gewesen zu bestimmen, welche Tierart hier gestorben war, denn die wenigen Knochen waren so zerstückelt, daß eine Identifizierung schwierig war. Der Schädel fehlte; sicher war er zur Zeit des Risses oder kurz danach weggeschleppt worden.

Der Hügel, wo der Hirsch starb, liegt zehn Minuten Fußweg hinter meiner Hütte. Er ist steil und fällt zu einem klaren, wilden See ab. Nun stand ich hier zwischen den Espen und Banks-Kiefern, untersuchte den Schauplatz und versuchte zu rekonstruieren, was sich auf diesem Granithang abgespielt hatte. Es gehört zu meinen liebsten Freizeitbeschäftigungen, Walddetektiv zu

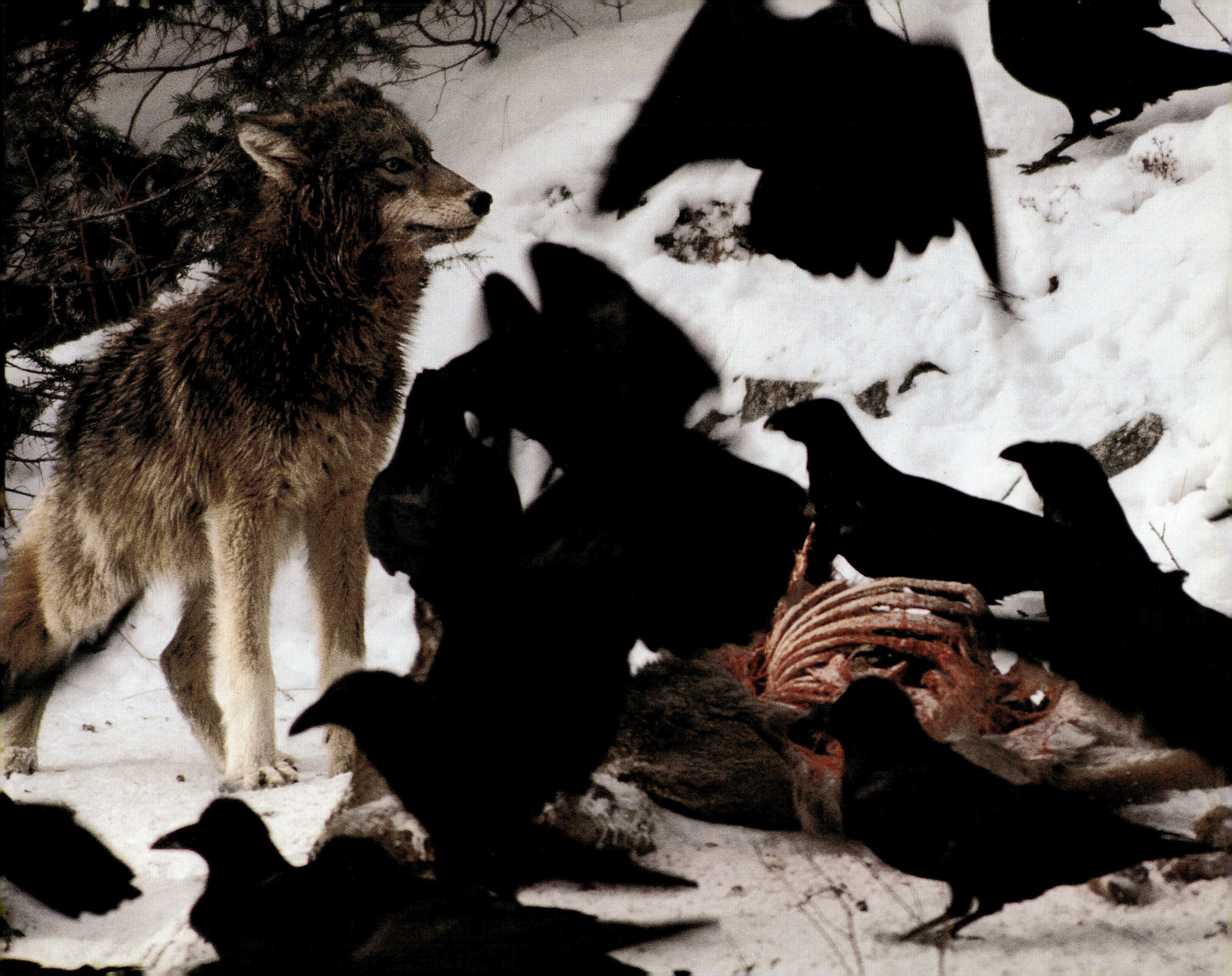

spielen. Das geht noch auf meine Jugend in der Prärie zurück, als ich Fährten im Schnee untersuchte.

Ich überblickte die Szene, ohne mich zu bewegen. Als die Sonne für einen Augenblick durch die dunklen, schneeschweren Wolken blinzelte, traf ihre Wärme auf mein Gesicht und ich erkannte die Bedeutung dieses südwärts gerichteten Hanges. Im Winter halten sich Tiere, auch die Hirsche, bevorzugt auf Südhängen auf. Hier ruhen sie, um ihr kaltes Fell in den bleichen Sonnenstrahlen aufzuwärmen. Am Fuße dieses Hanges, entlang dem Granitufer, wuchsen Zedern. So konnte ein Hirsch, der auf dem Eis lief, an den Zweigen knabbern, die sich über den See bogen. Vielleicht war der Hirsch auch im Spätwinter getötet worden, als die erste Wärme des Frühlings den Schnee auf diesem Hang geschmolzen hatte und ihn das freigelegte Futter anlockte.

Keiner wird je erfahren, ob der Hirsch weit lief, ehe er an jenem Tag gefangen wurde; oder ob er in einen Hinterhalt geriet, als er in der Sonne schlief oder an den Zedern weidete. War er nach dem langen Winter krank und ausgehungert? Hatten die Wölfe leichtes Spiel mit ihm gehabt? Oder war es eine verzweifelte Jagd über eine große Entfernung, in der der Hirsch mit weiten Sätzen flüchtete, bis er langsam ermüdete, hinter ihm die rennenden Wölfe, deren auswärts gebogene, starke Füße auf den harten Schnee trommelten, ihre Zungen in Vorfreude auf die schmackhafte Beute und durch die Hitze der Jagd weit heraushängend?

Manche Menschen erschreckt die Vorstellung solcher Szenen, da diesen ein Hauch von Brutalität innewohnt. Vielleicht mögen manche deshalb die Wölfe nicht. Andere ignorieren einfach die Realität von Beute und Raubtier, sie ziehen es vor, sich Wildnis als ein friedvolles Nebeneinander vorzustellen.

Wenn fern von Ravenwood meine Gedanken durch die dunklen Wälder schweifen, und mein Geist den Wegen folgt, denke ich daran, was dort geschieht – an den täglichen Kampf um Leben und Tod. In der behüteten Welt der 'Zivilisation' können wir uns den Rhythmus der Natur, den Kreislauf der Nährstoffe, die wechselseitige Abhängigkeit aller Lebensformen kaum vorstellen.

Alles kann in allem enthalten sein. Der dramatischste Teil dieses Kreislaufes, der Tod eines Tieres (wir beklagen nur selten den Tod einer Pflanze), ist ein normales Ereignis, ob wir es nun wissen oder nicht und ob wir es mögen oder nicht. In der Natur spielt sich ein unermeßliches Drama ab, ein Drama der vergänglichen Existenz und der enthüllten Sterblichkeit. Alles frißt. Alles wird gefressen.

Ich kniete nieder und suchte in den Resten des Hirsches nach Besonderheiten. Als ich ein Stück Hirschhaut umdrehte, sprang ein Knopf heraus. Ein Knopf? Ich griff danach. Der Knopf sah aus wie eine Zielscheibe, schwarz mit einem grauen Rand. Ich drehte ihn um. Plötzlich erkannte ich, daß dies kein von Menschen gemachter Gegenstand war. Es war ein fast versteinertes Auge. Von welcher Kreatur stammte dieses münzengroße Auge? Ich dachte an alle Tiere des Waldes. Ich fragte mich, welches von ihnen diesen Platz besucht hatte und sich von einem Hirschkadaver hätte anlocken lassen. Ich ließ alle Tieraugen Revue passieren, die ich jemals durch ein Fernglas oder eine Kameralinse betrachtet hatte. Natürlich!

BEIM VERSUCH, STÖRRISCHES HIRSCHHAAR AUS DEM FANG ZU LÖSEN.

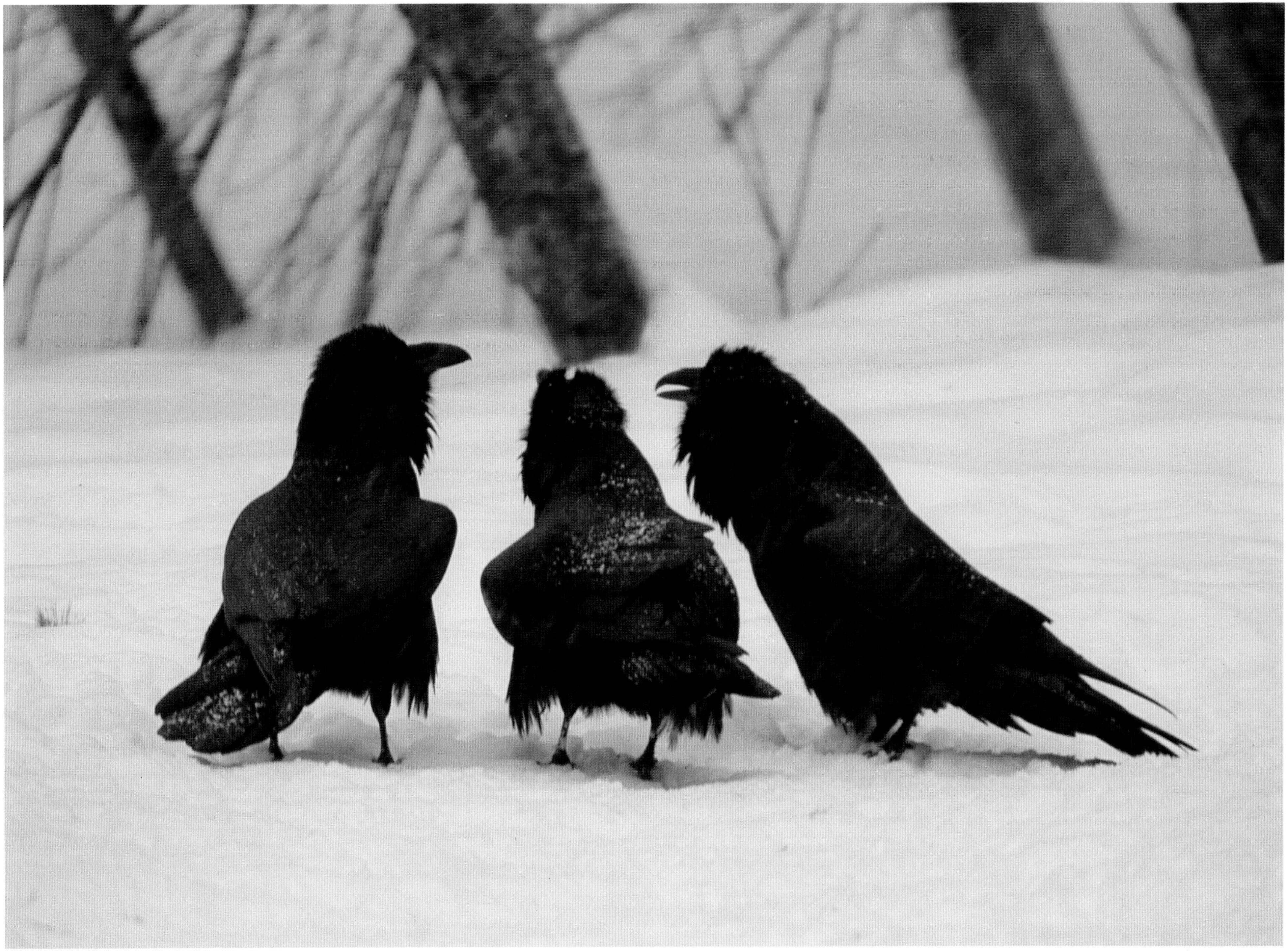

Eine winzige, schwarzhaubige
Chickadee-Meise hat sich auf einem alten
Geweih niedergelassen und wartet auf
ihre Chance. Die Raben mit ihren 1,20 m
breiten Flügeln stossen herab, um
den Kadaver eines Weisswedelhirsches
zu inspizieren. Später bringen sie
Fleischbröckchen zu ihren Jungen ins
Nest. Im Wald wird keine Nahrung
verschwendet. In einem notwendigen
Kreislauf der Erneuerung entsteht
Leben aus Tod, was für einen
modernen Menschen nicht immer leicht
zu akzeptieren ist.

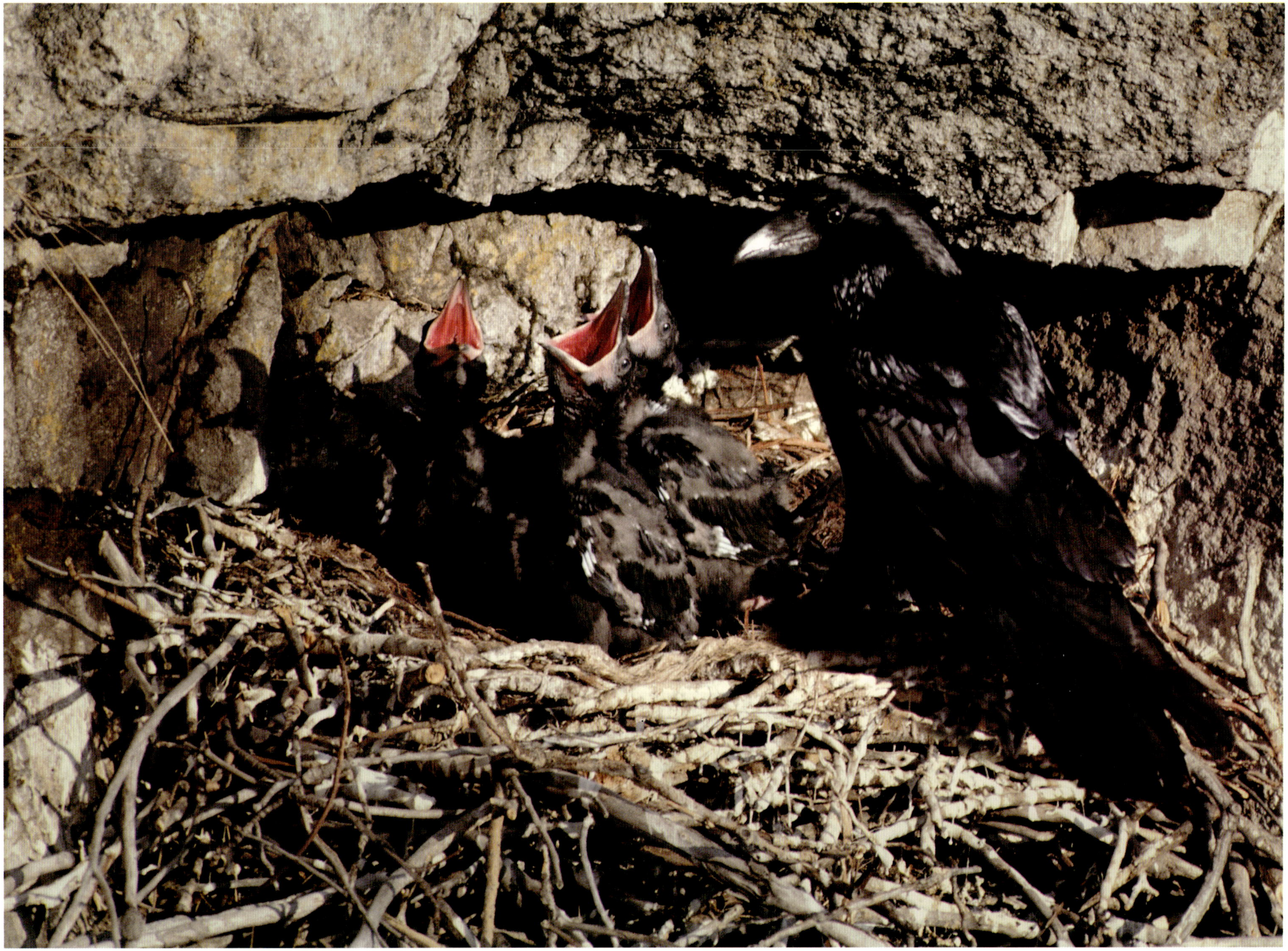

Das Auge stammte von einem Raben. Verblüfft hockte ich auf meinen Knien. Raben sind weise. Sie sind außerdem ungeheuer vorsichtig. Irgendwer mußte diesen Raben gefangen und getötet haben, aber wer?

Wölfe und Raben treffen häufig an Kadavern aufeinander, doch zwischen ihnen herrscht keine oder nur geringe Feindseligkeit. Manchmal versuchen Kojoten, Raben zu fangen, doch ein Kojote hätte den ganzen Vogel gefressen und das Auge verdaut. Irgendein kleines und flinkes Tier mußte diesen Raben erwischt haben.

Ich vermute, es war ein Marder oder vielleicht ein Zobel. Beide habe ich häufig in der Umgebung von Ravenwood gesehen; und ich sah sie zu den Resten eines Wolfsrisses kommen, um zu fressen. Vielleicht stürmte ein wieselflinker Marder auf den glänzend schwarzen Vogel zu, als dieser an dem Kadaver fraß. Er mußte seine Zähne an einer verletzbaren Stelle versenkt haben, um solch einen kräftigen Vogel niederzuzwingen.

Ich sammelte Knochensplitter, Hirschhaare und Rabenfedern und steckte sie und das Auge in meine Tasche. Diese Erinnerungsstücke an den Wald würden meinen 'Naturaltar' in der Hütte schmücken. Obwohl ich erst Zeuge des Dramas wurde, längst nachdem der letzte Vorhang gefallen war, wußte ich genau, daß diese Vorstellung wieder und wieder gespielt werden würde.

Klonk ... Eintausendvierzehn, eintausendfünfzehn. Klonk. Alle 15 Sekunden flog ein Kiefernzapfen in mein Versteck. Ich starrte zu dem roten Eichhörnchen hinauf, das die Zapfen mit einer lästigen Genauigkeit warf. Dann sah ich eine Bewegung und kehrte zu meiner eigentlichen Aufgabe zurück, einen Bärkadaver zu beobachten, der jenseits des Einschnitts vor mir lag. Ich bemerkte, wie die Raben unruhig wurden.

Ich wußte nicht, wie der Bär gestorben war. Vielleicht war er von einem Auto auf der nahen Straße angefahren worden und zum Sterben bis hierhin gekrochen; vielleicht hatte ihn aber auch der Besitzer einer Ferienhütte angeschossen. Da es in diesem Jahr nur wenig Waldfrüchte gab, kamen viele Bären auf ihrer Futtersuche bis dicht an die Siedlungen und Häuser heran.

Schon bevor ich diesen Bären entdeckte, hatte ich Bärenhaare in der Wolfslosung gefunden. Offensichtlich war dieser Bär nicht der erste gewesen, der diesen Herbst in der Nähe gestorben war. Vielleicht war auch der Bär, den die Wölfe gefressen hatten, erschossen worden, oder die Wölfe hatten ihn selbst getötet.

Der kanadische Forscher Paul Paquette, der in Manitoba arbeitet, berichtete, daß ein Wolfsrudel innerhalb eines Winters drei Schwarzbären getötet hatte. Sie hatten sogar Bären ausgegraben und aus ihren Höhlen herausgezogen. Eines Winters fand ich Hinweise, daß ein Wolfsrudel eine winterschlafende Bärin aus einem verlassenen Biberbau ausgegraben hatte. Der Bär in der Klamm war jedoch weder von Wölfen getötet, noch von ihnen bisher gefunden worden.

Ich wartete geduldig und hoffte, die Wölfe bald zu sehen.

Ich war sicher, daß sie kommen würden. Die Raben hatten den Kadaver am Vortag entdeckt, und heute saßen sie schon in der Dämmerung in den Bäumen, als ich aufwachte, um meine Wache wieder aufzunehmen. Rasch

Weisswedelhirsche, immer auf der Hut vor Raubtieren.

einhundertundneun

Die Raben haben Schwierigkeiten mit der dicken Bärenhaut.

einhundertundzehn

kamen weitere herbei, ihr schwarzes, glänzendes Gefieder schimmerte im Sonnenlicht, als sie mit breiten Flügeln rauschend über den Wald segelten. Am Kadaver eingetroffen, flatterten einige in einen Baum; andere kippten seitlich ab, ließen die Luft unter ihren Flügeln wegstreichen und sackten wenige Meter neben dem Bären auf den Boden. Einer nach dem anderen krächzte gellend, als wollte er sagen: 'Kommt her, Wölfe. Wir fürchten uns. Helft uns.' Ich wußte, die Wölfe würden darauf hören.

Im Augenblick war der Kadaver für die Raben zu massig, um daran fressen zu können. Ein solcher Bär in den besten Jahren ist fett und hat eine sehr starke und dabei elastische Haut. Da der Kadaver noch völlig unversehrt war, fanden die Raben nur wenig zu fressen. Zerrten sie an der Haut, erbeuteten sie nur einen Schnabel voller Bärenhaare – wohl kaum eine zufriedenstellende Mahlzeit.

Heute traute sich lange Zeit keiner der Raben näher an den Bären heran. Als sich der Tag schließlich bereits der Dämmerung näherte, saßen zwei metallisch-blaue Raben auf den Tatzen des Bären, die beidseitig des Kopfes nach vorne gestreckt lagen, als sei er mitten im Sprung gestorben.

Die beiden Raben begannen, die Augen des Bären auszuhacken.

Ich habe vieles in den Wäldern gesehen, aber mir drehte sich der Magen um, als ich sah, wie die Raben die Augen mit offensichtlichem Genuß fraßen. Dann säuberten sie die Augenhöhlen, indem sie ihre scharfen Schnäbel in die Höhlungen schoben.

Ich dachte an die Würde des Bären, bzw. an den Verlust seiner Würde, als er hier ausgebreitet unter den Kiefern lag und Bissen für Bissen, Gramm für Gramm verzehrt wurde. Bis zur Dunkelheit waren noch keine Wölfe eingetroffen, und ich hoffte, sie würden noch bis zum nächsten Tag wegbleiben, damit ich die Gelegenheit hätte, sie bei Tageslicht zu photographieren. An diesem Abend beschäftigte ich mich in meiner Hütte, ruhelos vor Erwartung.

Bernd Heinrich, der das faszinierende Buch 'Ravens in Winter' über seine Rabenforschungen in den Wäldern von Maine geschrieben hat, fand nur eine geringe Wechselbeziehung zwischen dem Ruf nach Verstärkung und dem tatsächlichen Eintreffen von Raubtieren. Das überraschte mich.

Raben nutzen diesen Ruf, um sich gegenseitig herbeizurufen; ich glaube aber, daß sie damit auch Raubtiere – insbesondere Wölfe – zu ungeöffneten Kadavern locken. Ich kann nur spekulieren, warum sich meine Erfahrungen von denen Heinrichs unterscheiden. Vielleicht liegt es daran, daß in Maine keine Wölfe leben, oder daß die Raben hier sich Raubtieren gegenüber anders verhalten als in Maine. Aber ich habe wiederholt Wölfe wie auch Kojoten gesehen, die bei einem Kadaver eintrafen, kurz nachdem er von schreienden Raben entdeckt worden war.

In diesem Fall war der Vorteil für die Raben natürlich offensichtlich. Da ihnen die Möglichkeit fehlte, durch die dicke Bärenhaut zu dringen, kamen sie nicht an das Fleisch heran. Wölfe können den Kadaver aufreißen, für sich selbst und schließlich zum Nutzen der Raben. Einen Anteil zu bekommen, ist immer noch besser als alles von gar nichts.

Wölfe ermöglichen es den Raben, die Haut zu durchdringen.

Der Vorteil für Wölfe oder Kojoten, die Rufe der Raben zu beachten, liegt gleichfalls auf der Hand. Sie bedeuten Fleisch. Selbst Menschen reagieren auf das Gekrächze von Raben und kommen näher, um zu sehen, was die Vögel gefunden haben. Ich selbst habe das zahllose Male so gemacht und dabei 'Schätze' gefunden, die von Zusammenstößen der Wölfe mit ihren Opfern erzählten.

Der örtliche Wildhüter Al Heidebrink erzählte mir, daß Raben außerordentlich hilfreich sind, um die Reste von Wilderern getöteter Tiere zu finden. Manche Wilderer gehen so weit, die Überreste mit Kerosin zu begießen. Raben, die den Kadaver finden und erkennen, daß er nicht genießbar ist, schreien nicht; ohne ihr Gekrächze hat der Wildhüter eine geringere Chance, das Tier zu finden. Auch unsere Urahnen dürften von dem Verhalten der Raben bei ihrer Nahrungssuche profitiert haben.

Die Raben um diesen Bärenkadaver schienen besonders nervös zu sein. Auf dem Boden nähern sich Raben einem Kadaver immer nervös. Wie auf Springstöcken hüpfen sie mit einem Flügelschlag in die Luft, als wollten sie prüfen, ob das Tier wirklich tot ist. Sie warten auf eine Reaktion, falls es noch lebt. Wie sich manche Raben nonchalant mit seitlichen Sprüngen dem Kadaver nähern, erinnert an das Gebaren eines Prahlhans. Sie picken rasch zu, springen wieder weg und stolzieren herum wie fette Geschäftsleute in schwarzen Anzügen. Sie zeigen dieses Verhalten bei jedem Riß, den ich beobachtet habe. Es wird so lange beibehalten, bis sich der Kadaver als harmlos erweist, indem sich ein alter Rabe darauf niederläßt oder sich Wölfe einstellen. Ist das Tier 'für tot erklärt', fliegt die ganze Schar ein. Ich habe schon bis zu 70 Raben an einem Hirsch fressen sehen.

Wie die Raben vorgehen, ist für gewöhnlich vorhersagbar. Ein oder zwei Vögel (verpaarte Raben fliegen manchmal gemeinsam, und sie bleiben lebenslang zusammen) entdecken einen Kadaver. Nachdem sie ihn nervös geprüft haben, beginnt einer der Vögel zu schreien, um andere Raben anzulocken. Versammeln sich zahlreiche Raben auf einem Kadaver, können sie riesige Fleischmengen vertilgen – diese Menge wird oft fälschlich den Wölfen zugeschrieben. Anschließend sind die Knochen so sauber, daß sie beinahe glänzen.

Obwohl es unklug zu sein scheint, andere zu einer Mahlzeit einzuladen, die man selbst gerade erst gefunden hat, dient dieses Verhalten in der Welt der Raben als Überlebenshilfe. Mehr Vögel bedeuten mehr wachsame Augen und lärmempfindliche Ohren. Auch grasende Tiere wie Elche oder Bisons und sogar weidende Vögel wie Kanadagänse wenden diese Strategie an. Außerdem scheinen die Versammlungen um einen Kadaver einen sozialen Zweck zu erfüllen. So habe ich bei aasfressenden Raben häufig balzende Paare gesehen.

Die große Rabenschar an einem Kadaver stachelt die Wölfe dazu an, sich vollzustopfen. Da sie bis zu 9 kg je Mahlzeit – ein Viertel ihres durchschnittlichen Körpergewichtes – fressen können, nutzen Wölfe ihre relativ seltenen Mahlzeiten optimal. Täten sie das nicht und kehrten einige Stunden später zu ihrem Riß zurück, hätten ihn Raben und andere Aasfresser längst gänzlich kahlgefressen.

Mit der Morgendämmerung waren die Raben erschienen, und ich fühlte, dies würde ein guter Tag werden. Die Betriebsamkeit um den Bären bestärkte meine Theorie, daß mit wachsender Gefahr (Bären stehen in dem

AUFGEREGTE RABENSCHREIE KÖNNEN WÖLFE HERANLOCKEN.

einhundertunddreizehn

einhundertundvierzehn

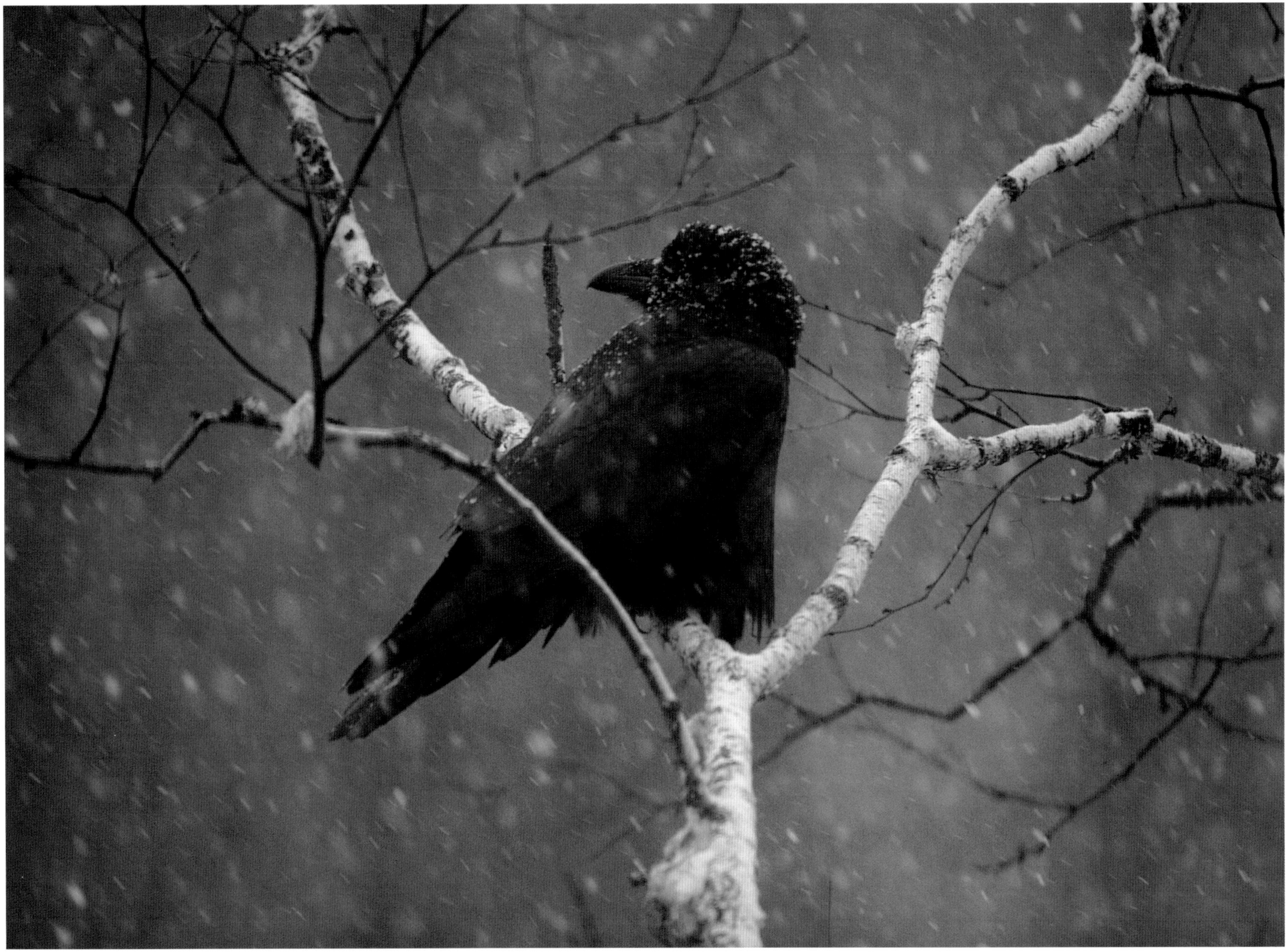

Ruf, gefährlicher als Hirsche zu sein) auch das Getue der Raben ansteigt, zum Wohle der anderen.

Viele Vögel stolzieren nun herum, lassen sich jedoch noch nicht auf dem Kadaver nieder. Ihre kragenartigen Nackenfedern sind aufgeplustert und ihre 'Ohren' – hohe Federbüschel auf beiden Schläfen – aufgerichtet. Häufig stolzieren zwei Raben Seite an Seite auf den Kadaver zu, wobei sie in ihrer Arroganz aussehen wie Rowdys, die den Gehweg für sich beanspruchen.

Ein leichter Schneefall setzt ein. Die Raben sitzen auf Bäumen und am Boden, aber keiner auf dem unzugänglichen Kadaver. Der Schnee wird dichter, plötzlich fliegen die Raben vom Boden in die Bäume. Ich sehe mich um.

Ein Wolf ist am Hügelkamm aufgetaucht.

Hatte ich schon geglaubt, die Raben seien nervös, dieser Wolf stellt sie in den Schatten. Er trottet gegen den Wind vorsichtig näher und kauert sich auf die Vorderpfoten. Immer wieder sieht er zu den Raben hinauf. Sehr, sehr langsam arbeitet sich der Wolf auf den Bären zu, schließlich beißt er nur kurz zu, springt aber gleich wieder zurück. Der Bär bewegt sich nicht. Der Wolf wird mutiger, etwas kühner versucht er einen zweiten Biß. Noch immer bewegt sich der Bär nicht. Der Wolf sieht zu den Raben hinauf. Er schaut sich im Wald um und reißt dann einen richtigen Bissen aus dem Bären heraus. Daraufhin fallen die Raben wie Blätter aus den Bäumen auf den aufgerissenen Kadaver nieder.

Der Wolf ist allein, an seinem Auftreten kann ich aber ablesen, daß er innerhalb seines Rudels einen höheren Rang einnimmt. Ich sage dies, weil Raben die Körpersprache von Wölfen zu deuten wissen und so auf einzelne von ihnen unterschiedlich reagieren. Wölfe mit eindeutig dominantem Verhalten werden seltener von Raben geärgert. Andererseits werden diejenigen, die sich in demütiger Haltung nähern, manchmal im Sturzflug und mit Schnabelhieben empfangen. Offensichtlich wissen Raben, wann sie mit solch schlechtem Benehmen ungestraft davonkommen, denn sie wagen sich nicht an alle Wölfe – nur an jene, von denen sie keinen Widerstand erwarten. Vielleicht schließen sie sogar persönliche Bekanntschaft mit einem Wolf, wenn sie viele Erfahrungen in ihrem gemeinsamen Revier geteilt haben.

Hier fressen alle zusammen. Der Wolf schnappt sich einen Fleischklumpen und geht beiseite, um ihn zu fressen. Sofort machen sich die Raben über den Kadaver her und picken nach dem freigelegten Fleisch. Ich sehe, wie die Raben die fette Haut des Bären abziehen und sich Brocken weißen Fetts in die Schnäbel stopfen. Ist das Fleisch sauber, ziehen sie die Haut weiter zurück. Sie rollen sie unter ihren Füßen auf, so wie wir einen Teppich aufrollen würden.

Hat der Wolf den Kadaver erst einmal geöffnet, können die Raben die Arbeit sehr gut allein vollenden. In der Tat habe ich gesehen, wie Raben mehr von einem Hirsch auffraßen als die Wölfe. Dieser Wolf hier scheint sich mehrmals durch die Vögel belästigt zu fühlen, denn er schnappt halbherzig nach ihnen und scheucht sie auf die Bäume. Bei einer anderen Gelegenheit filmte ich einen aggressiven, dominanten, fast schwarzen Wolf, der einen Raben packte und ihn schüttelte. Der Rabe mußte es geschafft haben, den Wolf zu hacken, denn er ließ den Vogel rasch fallen, und der Rabe flog weg. Manchmal nähern sich Raben fressenden Wölfen von hinten und hacken nach ihnen,

Schneehasen sind die wichtigsten Beutetiere für den kanadischen Luchs

einhundertundsiebzehn

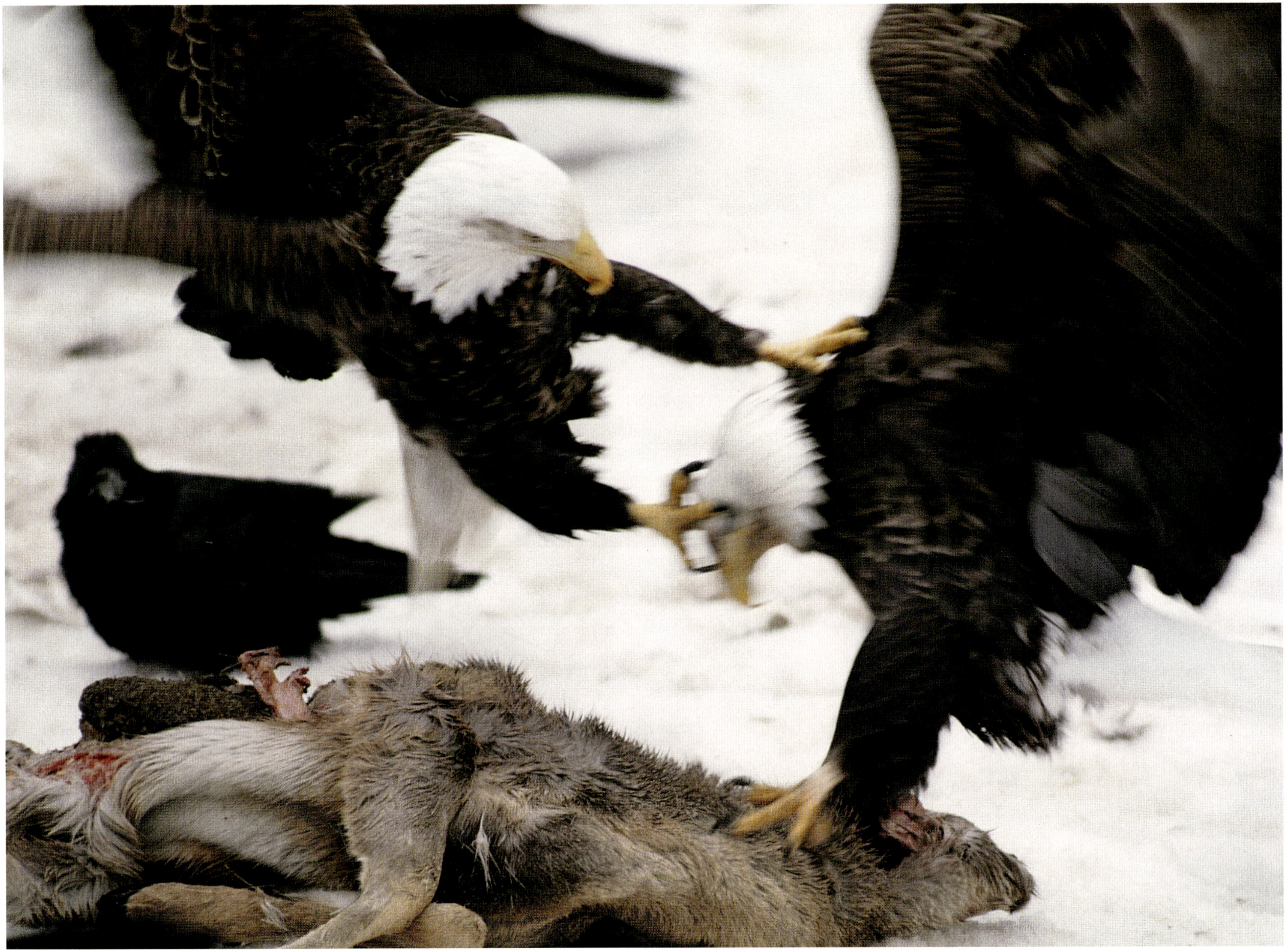

dann springen sie rasch außer Reichweite – ein Verhalten, das ich nur als 'Angeberei' bezeichnen kann.

Ihr Verhalten erinnert mich an eine Praxis der Prärieindianer, die sie 'counting coup' nannten. Dabei mußte ein Krieger zu Fuß oder zu Pferd einen Feind mit einem Stock berühren. Diese Übung ehrte den Krieger, ließ aber keine toten Feinde zurück, die beklagt werden mußten. Raben gehen ähnlich vor. So konnte ich einen Raben filmen, der wie ein riesiger Kleiber kopfunter an einem dünnen Zweig über einem fressenden Wolf hing. Dann ließ er sich zu Boden fallen und lag rücklings im Schnee, Beine nach oben und blinzelte über seine Schulter nach den anderen Raben. Fast schien er mit seiner Tapferkeit zu prunken, den nahen Wolf zu ignorieren.

Vielleicht geben Raben solche Vorstellungen, um ihren Rang im Schwarm zu demonstrieren, um Partner anzulocken oder um dem auserwählten Partner erneut ihre Attraktivität zu beweisen. Sie sind sehr intelligente Vögel.

Heute sehe ich, wie ein Rabe seinen Schnabel von Bärenfett reinigt, indem er ihn in ein faules Stück Birkenholz steckt. Oben auf dem Bär sitzt ein Vogel, der seinen Schnabel wiederholt öffnet und prahlerisch Bröckchen von Bärenfett mit der Zunge vor und zurück schiebt. Ein anderer Rabe fliegt mit einem Stück Fleisch weg, landet am Bach, beginnt, über den Boden zu hopsen und prüft gründlich die Umgebung. Von Zeit zu Zeit dreht er einen Stein oder ein Blatt um. Schließlich versteckt er das Stück Fleisch unter einem Blatt und schiebt das Blatt zurecht. Dann legt er weitere Blätter darüber, fliegt auf einen Ast und sieht herab. Irgend etwas scheint ihm nicht zu gefallen, denn er springt herab und wiederholt den ganzen Vorgang so lange, bis er sicher ist, daß der Brocken gut versteckt ist.

Sowohl Wölfe wie Raben verstecken regelmäßig Nahrung. Ich würde erwarten, daß Raben mit ihren scharfen Augen und dem Überblick über die Landschaft die sorgfältigen Verstecke der Wölfe finden und plündern. Um mir das zu beweisen, habe ich, so sorgfältig ich konnte, Fleischbrocken auf Wolfsart versteckt. In der Tat war später das Fleisch verschwunden, und Rabenspuren sprachen eine deutliche Sprache. Bei einem anderen Riß sah ich, wie ein Rabe einen Knochen packte, den die Wölfe zerbissen hatten und ihn aufrecht in den Schnee rammte. Nun, da das offene Ende mit dem Knochenmark frei lag, schlürfte der Rabe in aller Ruhe den Knochen aus, so tief er mit dem Schnabel reichen konnte. Ein solches Verhalten grenzt beinahe an Werkzeuggebrauch.

Während ich oft einzelne Wölfe an ihrer Größe, Farbe und Verhalten individuell unterscheiden kann, wird das Studium von Raben dadurch erschwert, daß sie im wesentlichen alle gleich aussehen. Junge Raben unterscheiden sich von alten durch die rosa Mundränder (ältere Vögel haben schwarze Mundränder), und manchmal weist ein einzelner Vogel auch bestimmte Merkmale auf. Doch dies kommt nur selten vor. Heute habe ich Glück – einer der Raben, der am Bär frißt, hat weiße, schuppige Füße und Beine. Er sieht aus, als trüge er Gamaschen.

Amerikanische Ureinwohner, besonders jene des pazifischen Nordwestens, verehrten den Raben und machten ihn zum Helden vieler Mythen. Der Rabe galt ihnen als Gaukler und Schöpfer und bildete fast immer die oberste Figur auf ihren Totempfählen. Obwohl ich in Ravenwood Wölfe und Raben zehn Jahre lang gründlich untersucht habe, sind die Vögel mir gegenüber noch genauso mißtrauisch wie bei unseren ersten Begegnungen – und das, obwohl Raben bis zu 40 Jahre alt werden und dabei viel Zeit haben, ihre Umwelt kennenzulernen. In vielen Fällen habe ich bemerkt, daß Raben schon bei meinen kleinsten Bewegungen nervös wurden, während die Wölfe scheinbar regungslos blieben. Es scheint so, als ob die Vögel den Wölfen mit zusätzlichen Augen und Ohren helfen.

In der populären Literatur über Raben werden Wölfe kaum erwähnt. Hier in Nordminnesota scheinen die beiden jedoch unzertrennlich zu sein.

Durward Allen, der berühmte Forscher, der die Wolfsrudel im Nationalpark von 'Isle Royal' untersucht hat, merkte in seinen Studien an, daß Raben stets in der Gesellschaft von Wölfen anzutreffen sind. Ureinwohner, insbesondere die Inuit, versichern, daß Raben die Wölfe auf ihren Wanderungen und Jagden begleiten. Fred Harrington, ein anderer Forscher, der sich auf Wolfslaute spezialisiert hat, gibt an, daß sich Raben einstellen, sobald Wölfe heulen.

All dies macht Sinn. Ein Wolf, der nicht versucht, herauszubekommen, worüber sich die Raben aufregen, wäre töricht. Ebenso wäre es dumm, würde ein Rabe nicht auf das Heulen jagender Wölfe mit Neugier reagieren. Obwohl solche Reaktionen von Intelligenz zeugen, dürfte es doch eher eine Art Pawlowschen Reflex repräsentieren. Hunde, die mit Dosenfutter ernährt werden, erscheinen sofort, wenn sie das Geräusch eines elektrischen Dosenöffners hören. Der nicht weniger intelligente Wolf dürfte hingegen das Geschrei eines Rabens mit der Aussicht auf Nahrung in Verbindung bringen und der Rabe sehr wohl erkennen, welche Vorteile es bietet, dem Ruf der Wölfe zu folgen.

Gelegentlich, wenn ich wie ein Wolf heulte, um ein Rudel zu orten, bekam ich Besuch von Raben. Ich habe immer noch vor, das Geschrei der Raben an einem Kadaver aufzunehmen und wieder abzuspielen. Ich vermute, daß dann Wölfe bei diesem Unruheherd auftauchen werden. Da Raben etwa 250 Lautäußerungen produzieren, scheint es auch möglich, daß Wölfe jene Nuancen, die ihnen nutzen – wie ein Ruf, der Nahrung anzeigt – von 'nutzlosen' unterscheiden können. Ist dies eine Form von Kommunikation, eine Annäherung an die Urform der Sprache?

Es gibt jedoch noch weitere Berührungspunkte zwischen den beiden Arten. Allen bemerkte, und ich stimme ihm zu, daß Wölfe und Raben zusammen zu spielen scheinen. Er berichtet über Fälle, bei denen Wölfe und Raben auf den zugefrorenen Seen der Isle Royal 'Nachlaufen' spielten. Ähnliche Interaktionen konnte auch ich beobachten.

Es scheint so, als ob Raben wie auch andere intelligente Vogelarten spielerische Anregungen in ihrer Umwelt suchen. Wenn ich die Raben beobachte, wie sie die Wölfe necken und mit ihnen spielen, kommt man leicht zu der Annahme, daß es die Wölfe sind, die diese Anregung den Raben bieten. Warum sonst sollten die gefiederten Gesellen dem grauen Jäger hinterherfliegen, ohne daß der Grund eine gemeinsame Beute ist.

Ureinwohner vermuten, daß Raben die Wölfe zur Nahrung führen, und das erscheint mir nicht allzuweit hergeholt. Ich bin davon überzeugt, daß dies bei ungeöffneten Kadavern wirklich geschieht. Und ein Rabe, der weiß, daß Wölfe einen Kadaver öffnen können, könnte durchaus einen Lockruf ausstoßen, wenn er eine Beute entdeckt. Was hat er zu verlieren? Kommen die Wölfe, wird der Rabe für seine geringe Anstrengung außergewöhnlich belohnt. Denken Sie außerdem an die Vorteile für Wölfe, eine 'Luftaufklärung' zu haben. Gemeinsam wären diese beiden Arten sehr erfolgreich, und sie könnten fast wie ein einziger, lebender Organismus funktionieren.

Es ist sicher keine Beleidigung für meine Freunde, die Wildhüter, wenn ich sie in einem Punkt für ebenso intelligent halte als unsere jagenden Ahnen. Wenn Wildhüter mit Hilfe der Raben die illegale Beute eines Wilderers auf-

Ein Rabe quält einen hartnäckigen Adler.

Der freche Rabe fickt den Wolf, um ihn fortzulocken.

einhunderteinundzwanzig

einhundertzweiundzwanzig

spüren, dann haben sicher auch die frühen Menschen gelernt, daß Raben sie möglicherweise zu Nahrung führen können. Als wir den Wolf/Hund adoptierten, um für uns zu jagen, haben wir vielleicht auch seine andauernde Beziehung zu den Raben entdeckt. Wenn wir ein Tier nur verwundet hatten, so daß es noch fähig war, eine weite Strecke zu laufen, ehe unsere Wölfe es stellten, haben uns vielleicht die Rufe der begleitenden Raben zu dem Tier geführt.

Auf meinem Land habe ich Wolfsrudel gefunden, indem ich herabstoßende Raben beobachtete (Raben 'tauchen' gerne über einem Rudel ab) oder ihren Rufen lauschte. Im Laufe der Jahre habe ich gelernt, die charakteristischen Laute der Raben in Gegenwart ihrer Partner, den Wölfen, zu erkennen. Sie wissen alles, was in den Wäldern vorgeht – und indem ich die „Lauscher" belausche, erfahre ich mehr.

Raben teilen mit den Wölfen sogar den miserablen Leumund. 'Rabenschwarze' Seelen werden sicher nicht so genannt, weil Raben besonders positive Gefühle hervorrufen. Während der andauernden Kriege unserer Rasse haben Wölfe wie Raben die Toten auf den Schlachtfeldern gefressen – und so im Mittelalter Anlaß zu einer Unmenge von Schauergeschichten gegeben.

Mein eigener Urgroßvater, Ole Andreasen, starb, als er versuchte, ineinander verkeilte Holzstämme unterhalb der Kvellan-Wasserfälle im Bergfluß Lynga, in seiner Heimat Norwegen zu lösen. Sein Nachbar Samuel Sorlid fand ihn 1904, als er den Rufen der Raben folgte. Sie führten ihn zu dem Ort, wo der gefrorene Körper im Eis feststeckte. Nachbar Sorlid kannte offensichtlich die Sprache der großen, schwarzen Vögel. Meine Großmutter Otelia Aanenson, die damals noch ein junges Mädchen war, erinnerte sich noch gut an diese schreckliche Tragödie. Sie hat mir diese Geschichte in meiner Jugend mehrfach und sehr lebendig erzählt.

Auf eine ungewöhnliche Weise macht es Sinn, daß mein Urgroßvater, ein Nachfahre der Wikinger, von Raben gefunden wurde. Es ist bekannt, daß Wikinger auf ihren Fahrten über die Ozeane Raben bei sich führten und sie über dem Meer freiließen. Die Raben konnten Land aus großer Höhe entdecken und die Männer dorthin geleiten.

Odin, der Gottvater der nordischen Mythologie, trug sogar auf jeder Schulter je einen Raben. Nachdem sie täglich über die Welt geflogen waren, kehrten Odins Gefährten Hugin und Munin (Gedanke und Erinnerung) zurück und flüsterten ihm ins Ohr, was auf der Welt geschah.

Bedauerlicherweise wenden wir unsere moralischen Maßstäbe an, um zu entscheiden, welche Tiere gut und welche böse sind. Tiere nach unserer Voreingenommenheit zu bewerten, ist diskriminierend für die Arten und dabei sehr trügerisch.

Alle Tiere sind Teil einer Einheit, von der sie sich nicht trennen lassen, um anschließend analysiert zu werden, inwieweit sie unseren moralischen Standards genügen – oder nicht. Da Rabe und Wolf in vielen Teilen der Welt ohne Grund als 'schlecht' gebrandmarkt wurden, tut es gut zu wissen, daß zumindest einige Menschen diese Lebewesen als Lehrer und Partner schätzten.

Sobald die Wölfe einen Kadaver verlassen und wieder in die Stille der endlosen Wälder ziehen, stellt sich eine Reihe weiterer Tiere ein. Marder und Zobel fallen gierig über die sauberen Rippen her und suchen nach restlichen Fleischstückchen. Üppig bepelzte Füchse finden Nahrungsreste. Kojoten, die häufig aus der Entfernung ärgerlich bellen, bis die Wölfe verschwinden, schleichen auf der Suche nach einem schmackhaften Bissen herbei. Adler schließen sich den Raben an und helfen, den Kadaver vom Fleisch zu befreien. Häßliche, nacktköpfige Truthahngeier suchen nach Nahrung. Haarige und flaumige Spechte wechseln von Birken zu Knochen.

Selbst die herumhuschenden Chickadee-Meisen und die akrobatischen Kleiber landen zusammen mit Kanadischen Unglückshähern, um vom Kadaver zu fressen. Schließlich verwandeln im Frühling die Mäuse, Insekten und Mikroorganismen die Reste in neues Leben.

Aus dem gedüngten Boden sprießen Pflanzen, die vielleicht eines Tages von einem Hirsch abgeweidet werden, der seinerseits erbeutet und gefressen wird. Das ist der Grundpfeiler der Ökologie – zu verstehen, daß alle Lebewesen voneinander abhängig sind.

Über dieses Thema haben andere kenntnisreich geschrieben, und ich glaube, die meisten Leser wissen darüber Bescheid. Es scheint jedoch, daß wir dieses Konzept erst jüngst wieder neu entdeckt haben.

Erst die Bemühungen großer Denker wie Aldo Leopold haben unsere Augen erneut geöffnet. Leopold schreibt in 'Round River':

Die herausragende wissenschaftliche Entdeckung des 19. Jahrhunderts ist weder Fernsehen noch Radio, sondern die Komplexität der Lebensgemeinschaften. Der Mensch, der über ein Tier oder eine Pflanze sagt: 'Welchen Nutzen hat das?', beweist nur seine eigene Ignoranz.

Wenn eine Lebensgemeinschaft als ganzes gut ist, dann sind alle ihre Teile gut, ob wir es verstehen oder nicht. Wenn die Lebewelt im Verlauf von Äonen etwas erschaffen hat, was wir lieben, aber nicht verstehen, wer anders als ein Tor würde verlangen, dieses scheinbar nutzlose Teil auszurangieren? Jedes kleinste Zahnrad und Rad aufzubewahren, ist die erste Vorsichtsmaßnahme jedes intelligenten Pfuschers. Unsere Bemühungen, große Zahnräder und Räder zu retten, sind immer noch ziemlich naiv.

Ein wenig Reue, ehe eine Art untergeht, und schon fühlen wir uns tugendhaft. Ist die Art dann ausgestorben, weinen wir ein wenig und wiederholen die Vorstellung.

Die Komplexität der Natur ist schwer zu ergründen. Aber die Schatzkammern des ökologischen Verständnisses müssen gerade auch für jene geöffnet werden, die nur das Grün interessiert, das in ihre Brieftaschen paßt. In vielerlei Hinsicht ist dies die zentrale Herausforderung unserer Zeit.

Wenn ich durch Ravenwood wandere, sehe ich täglich wechselseitige Abhängigkeiten. Seit wir zu denken begannen, waren wir Zeugen dieser Lektionen. Wir sind nicht bloß Beobachter, sondern nehmen an diesem Prozeß teil. Wir nutzen ihn wie jedes andere Tier auch. Trotz unserer oftmals großen Distanz zur Natur, bleiben wir ein Teil dieses Kreislaufs. Leider vergessen wir dies allzu oft.

Wölfe, Raben und Hirsche funktionieren fast wie ein einziger, großer Organismus. Ravenwood selbst funktioniert wie ein einziges, großes Lebewesen. Seine Bäume sind die Lungen, sein Wasser das Blut und die Tausenden von Kreaturen, die dort leben und sterben, sind die Zellen der lebenden Welt. Der Wolf ist unser Gefährte und Lehrer gewesen. Als vitaler Teil eines voll funktionsfähigen Ökosystems kann uns der Wolf erneut daran erinnern, daß unsere beiden Arten nicht nur dieselben ökologischen Nischen besetzen, sondern auch dasselbe Schicksal teilen.

Sollte sich der Wolf eines Tages in einer Welt wiederfinden, die ihm nicht lebenswert erscheint, könnten auch wir uns demselben, unausweichlichen Schicksal gegenübersehen.

Ein Rabe ruft Clanmitglieder herbei.

Ein Wolf schnell in Aktion.

einhundertfünfundzwanzig

Wölfe und die menschliche Natur

Jetzt hörte ich sie deutlich an beiden Ufern des Flusses. Ich konnte das Unterholz knacken hören, als sie über vom Wind herabgerissene Äste in ihrem Weg sprangen.

Als ich das brüllende Heulen aus voller Kehle wahrnahm, hätten mir eigentlich Schauer den Rücken hinauf und herab laufen sollen. Stattdessen begeisterte mich der Gedanke, die großen Grauen hätten vielleicht meine Fährte aufgenommen und folgten mir entlang der glitzernden, gefrorenen Straße des Flusses.

Als Sigurd Olson dies 1945 als Teil eines Kapitels über Wölfe in seinem Buch „The Singing Wilderness" niederschrieb, war er damit seiner Zeit weit voraus. Die Textpassage verrät ihn als einen Mann, der lange vor den meisten seiner Zeitgenossen den Wert und die Schönheit der Wölfe erkannt und verstanden hat.

Für diejenigen, die seine Arbeiten heute nicht mehr kennen, möchte ich erklären, daß Sigurds Name im wesentlichen ein Synonym für das Seenland rund um Ravenwood ist.

In den zwanziger Jahren begann er seinen langen Kampf, der diese Region erhalten und schützen sollte, wie auch die heutige Boundary Waters Canoe Area Wilderness und den Quetico Provincial Park. Letztendlich hatte er mit seinem Kampf Erfolg und seine Bücher erweckten das Umweltbewußtsein

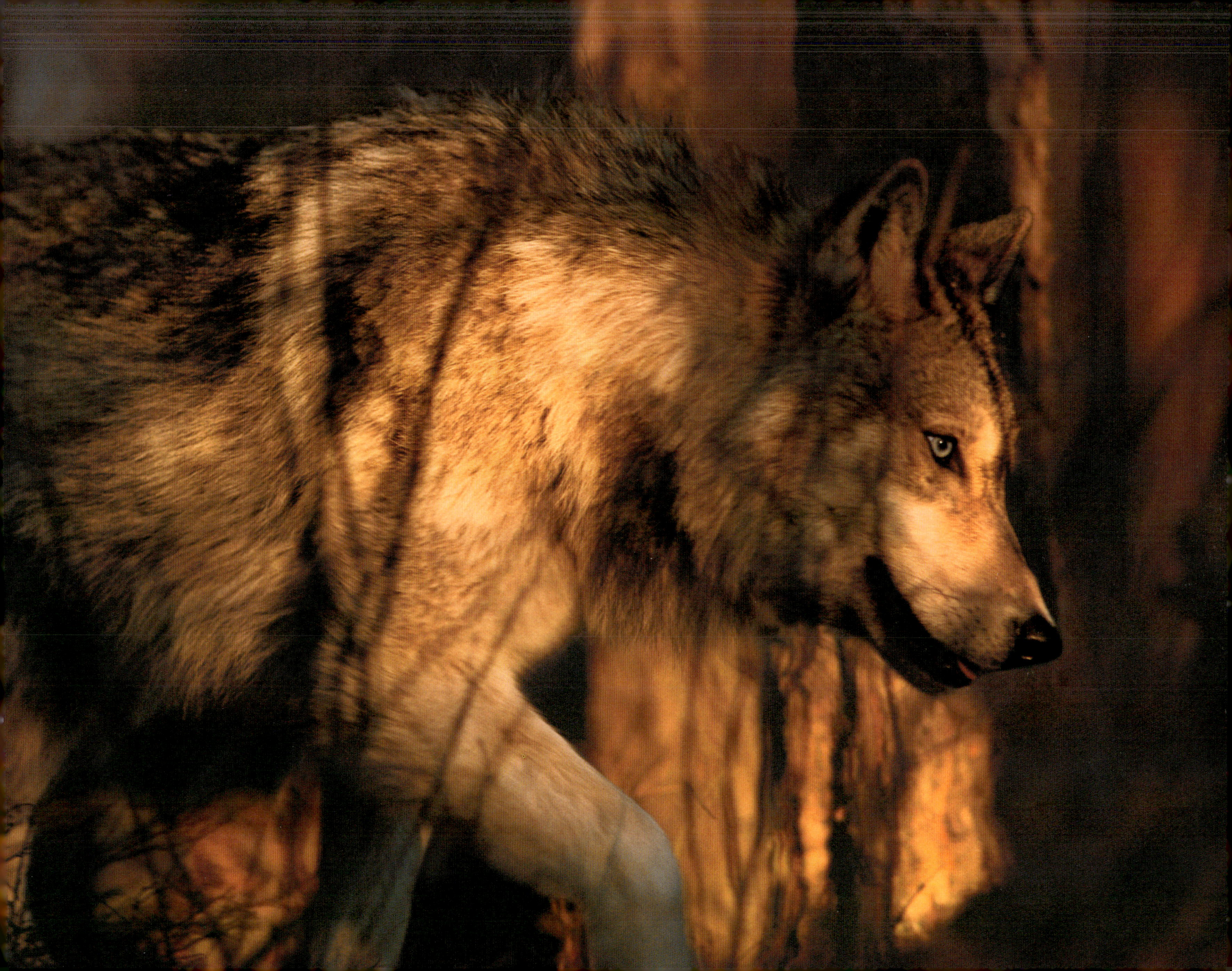

Zehntausender von Menschen zu einer Zeit, als Umweltbewußtsein den meisten noch ein Fremdwort war. Der Schutz des Ökosystems schloß auch den Schutz des Wolfes ein, denn in diesem überwiegend weglosen Land behauptete der Wolf seine Stellung.

Die meiste Zeit seines Lebens verbrachte Sigurd Olson in Ely, Minnesota, wo er von Nachbarn und Stadtleuten wegen seiner pro-Wildnis und pro-Wolf Überzeugung gemieden wurde. Wie viele andere Menschen hatte auch er einst die Wölfe verachtet.

In seinem Artikel 'The Poison Trail', der im Dezember 1930 in der Zeitschrift Sports Afield erschien, beschrieb Olson eine 100 Meilen lange, winterliche Reise mit Trappern. Entlang einer Todesstrecke hatten von der Regierung bezahlte Trapper vergiftete Köder ausgelegt. Immer wieder sammelten Olson und seine Freunde die Kadaver von Wölfen, Kojoten und Füchsen ein, die nach Genuß des Köders gestorben waren. In dem ganzen Artikel nennt Olson die Wölfe 'graue Marodeure', 'Killer' und 'wild aussehende Scheusale', die auf 'Mord' aus waren.

Wer Wölfe bewundert, kann die Erzählung kaum ertragen. Wenn man Olsons spätere Arbeiten kennt, wirkt sie sogar noch erschütternder. Wie konnte ein beliebter Lehrer, ein feinsinniger Autor und ein erleuchteter Denker sich so am Tod von Wölfen erfreuen?

Dennoch klingt für den sorgfältigen Leser durchaus Olsons Sorge über die ökologischen Auswirkung solcher Vergiftungsaktionen an. Er drückt zwar keinerlei Gewissensbisse über den Tod der Wölfe aus, stellt jedoch den Tod unbeteiligter Arten in Frage, die gleichfalls an den Ködern starben. Dieser Umstand sollte ihn später dazu bringen, weitergehende Fragen zu stellen – die sich nicht mit Hilfe der schändlichen Legenden um den Wolf würden beantworten lassen. Wie Aldo Leopold, der seine ersten Berufsjahre damit verbrachte, Wölfe zu vernichten, erreichte Olson bald eine gedankliche Sackgasse. Er mußte – und er würde – seine eigenen Antworten finden.

Sigurd Olson war einer der ersten Menschen, der Wölfe in ihrem natürlichen Lebensraum erforschte. Seine richtungsweisende Studie, die 1938 veröffentlicht wurde, dokumentierte erstmals die Familieneinheiten der Wölfe und ihre komplexe Sozialstruktur. Seine Einsichten brachten andere Forscher dazu, weitere Forschungen zu betreiben.

Sig Olson hatte seine Fenster geöffnet, so daß ein frischer Wind neuer Standpunkte eindringen konnte. War Ely, Minnesota, einst die Brutstätte des Wolfshasses gewesen, lockten nun Einzelhändler ihre Kunden mit gemalten Wolfsspuren auf den Gehwegen in ihre Geschäfte. Selbst die städtische Zeitung, das Ely Echo, trug nunmehr als Logo eine Wolfspfote in ihrem Impressum der Öffentlichkeit zur Schau.

Vor zehn Jahren konnte ich die U.S.Post nicht dazu bewegen, eine Wolfsbriefmarke herauszugeben. Aber während der Amtseinführung von Präsident Clinton im Jahr 1993 in Washington diente mein Videofilm über den Wolf auf einer riesigen Leinwand als Hintergrund. Filme wie 'Never Cry Wolf' und 'Dances with Wolves' haben dieses Tier auf eine Weise populär gemacht, die nur wenige vorhergesehen haben. Unsere Einstellung ändert sich langsam. Aber der Kampf um mehr Verständnis für den Wolf und die Möglichkeit, in Frieden mit ihm zu leben, ist noch nicht zu Ende.

Der dichte boreale Nadelwald von Ravenwood

Junge Wölfe reagieren auf das Heulen der älteren Tiere.

einhunderteinundzwanzig

Noch immer hängen einige Leute den traditionellen Legenden an, die besagen, daß im Wolf das Böse verkörpert ist. Andere haben neue Mythen um den Wolf gesponnen. Darin erscheint er als spiritueller Führer, der auf Schritt und Tritt geschützt werden muß oder als liebenswerte Disneyfigur, die kurz vor der Haustierbildung steht.

Mit welcher Absicht Legenden auch immer gebildet werden, sie bleiben Legenden. Wörtlich genommen, verstellen sie die Wahrheit und machen es den Menschen schwer, sich zu verstehen. Sie schaffen Teilungen.

Noch eine bezeichnende Ironie. Während ich dies schreibe, wird in Alaska versucht, einen Plan durchzudrücken, dem bis zu 80% der Wölfe in drei Wildreservaten des Staates zum Opfer fallen würden. Offizielle Stellen in Alaska betonen, der Plan zur Dezimierung der Wölfe würde zu einer Zunahme der Elch- und Karibuherden führen. Bestenfalls ist dies ein sehr schlechtes Wildtiermanagement; in Wirklichkeit jedoch scheinen die Verantwortlichen lediglich eine Entschuldigung dafür zu suchen, Wölfe auf ganz altmodische Art und Weise umzubringen.

Während in Alaska erwogen wird, ohne ersichtlichen Grund Wölfe zu töten, kämpfen andere Bürger derselben Nation dafür, Wölfe in Regionen wiedereinzuführen, in denen wir sie erst kürzlich ausgerottet haben. Im amerikanischen Westen kommt nur noch in Montana eine lebensfähige, sich vermehrende Wolfspopulation vor. Diese Wölfe leben nördlich von Yellowstone, in und nahe dem Glacier Nationalpark. Der Plan, Wölfe im Yellowstone Nationalpark wiedereinzuführen, löste Kontroversen aus. Die Viehzüchter in der Region verbreiteten schauerliche Warnungen über die Rückkehr des 'Killer-Wolfes' in öffentliches Land. Andererseits übten Umweltgruppen wie die Defenders of Wildlife kontinuierlichen Druck auf die Bundesregierung aus, um ein Wiederansiedlungsprogramm zu beschließen.

Während diese Schlacht noch geschlagen wird, kehren die Wölfe vielleicht einfach von sich aus in den Yellowstone Park zurück. Ein Photograph, der im Park arbeitet, filmte kürzlich ein großes, wolfsähnliches Tier, das Seite an Seite mit einem Grizzly an einem Kadaver fraß. Ich habe den Film gesehen und glaube, daß dieses Tier ein Wolf war. Ein zahmer Wolf oder Wolfsbastard würde weder so selbstsicher noch so nahe neben einem Grizzly fressen, noch den dabeisitzenden Kojoten so gänzlich ignorieren.

Einige Wolfsforscher haben behauptet, daß das gefilmte Tier kein Wolf, sondern ein Bastard war. Manche der Wissenschaftler, davon bin ich überzeugt, sähen es nicht gerne, wenn der Wolf aus eigenem Antrieb zurückkehrte.

Sollte der Wolf von sich aus nach Yellowstone zurückkommen, bedeutete dies für einige Wissenschaftler nämlich das Ende der berufsmäßigen Einmischung und Pfuscherei. Zusammen mit der Ökologie scheint auch die Sicherheit der Arbeitsplätze auf dem Spiel zu stehen. Auf jeden Fall ist nicht auszuschließen, daß die Wölfe bald aus eigenem Antrieb im berühmtesten Nationalpark der USA eine neue und fortpflanzungsfähige Population aufbauen.

So sollte es sein. Wölfe wissen am besten, was gut für sie ist und wie sie was am besten tun. Sie werden jagen, Junge aufziehen und ohne unsere Hilfe

Neugeborene Rehkitze sind fast unsichtbar und geruchlos.

einhunderteinunddreißig

einhundertzweiunddreißig

einhundertdreiunddreißig

Reviere etablieren. Das einzige, was sie wirklich brauchen, ist unsere Zurückhaltung. Die Natur leistet zwangsläufig bessere Arbeit als die Wissenschaft, und der Wolf wird ohne Zweifel wieder einmal beweisen, daß er auch ohne unsere Einmischung zurechtkommt.

Eine der wichtigsten Eigenschaften des menschlichen Geistes ist die Fähigkeit, daß er lernen kann zu wachsen. Sigurd Olson lernte und änderte sich; er half anderen, gleichfalls geistig zu wachsen. Die gesamte Aufmerksamkeit, die heute dem Wolf geschenkt wird, zeigt mir, daß sich die Wetterfahne in einem neuen Wind dreht und damit das Ausmaß unserer geänderten Einstellung anzeigt. Viele von uns respektieren und lernen von anderen Tieren. Aber selbst erleuchtete Denker wie Olsen und Leopold sind nicht über Nacht zu ihren Schlußfolgerungen gekommen; und wir alle wachsen wie Bäume unterschiedlich schnell. Wer gelehrt wurde, Wölfe zu fürchten und zu verachten, braucht Zeit, Mühe und den Willen, seine Beziehung zu diesen intelligenten Tieren neu zu definieren.

Wann immer die Bedürfnisse der Menschen in einen Konflikt mit dem Wolf geraten, stehen wir auf dem Prüfstand. Wenn der Bevölkerungsdruck die Menschen zwingt, in die Territorien der Wölfe vorzudringen, oder sich Wölfe im Gebiet der Menschen ausbreiten, ist es der Wolf, der darunter zu leiden hat. Nur wenn es uns gelingt, die Ansprüche beider Arten zu verbinden, besteht Hoffnung auf eine gemeinsame Zukunft.

Wölfe und Menschen können lernen, in einer modernen Welt miteinander zu leben. Denken wir daran, was in Minnesota passiert ist. Im Jahr 1974, als der Wolf vollständig geschützt wurde, beschloß man dort, ein Wiederansiedlungsprogramm für Wölfe einzuführen. Seither arbeiten Landes- und Bundesorganisationen daran, die Zahl der Wölfe im Staat zu erhöhen. Damals lebten rund 1000 Wölfe in Minnesota, heute, während ich dies schreibe, nähert sich ihre Zahl 2000 – und sie haben sich nach Wisconsin und in die Obere Halbinsel Michigans ausgebreitet, wo sie sich jetzt wieder etablieren.

Es sollte nicht verschwiegen werden, daß mit der Zunahme der Wolfspopulationen auch Probleme auftauchen. Es ist leicht, selbstgefällig über eine von einem Wolf getötete Kuh hinwegzusehen – es sei denn, es ist die eigene. In Minnesota erhalten die Viehzüchter einen Ausgleich für verlorenes Vieh, und nur Problemwölfe werden abgeschossen. Die Schulung der Viehzüchter hat dabei geholfen, daß sich die Zahl der Wölfe in 20 Jahren vervierfachen konnte. Da die große Mehrheit der Wölfe kein Vieh tötet, wird sichergestellt, daß sie ihren Frieden mit den Menschen finden werden.

Die Belege für ein unproblematisches Zusammenleben mit Wölfen sind überwältigend; es muß auch nicht auf eine entweder/oder Situation hinauslaufen. Obwohl in Minnesota die Spannungen zwischen Menschen und Wölfen nicht gänzlich verschwunden sind, wurden dennoch genügend Fortschritte gemacht, so daß Wölfe dort gut leben können. Können wir mit den Wölfen leben? Die Antwort ist eindeutig:

Wir können. Die tiefere Wahrheit ist sogar noch eindeutiger: Wir müssen.

In dem Engpaß standen die Fichten hoch und schwarz gegen den Himmel. Die Ufer waren nur einen Steinwurf entfernt. Ich mußte geradewegs in der Mitte laufen, durfte

Selbstvertrauen und Intelligenz sind die Merkmale eines zukünftigen Rudelführers.

einhundertsechsunddreißig

nicht rennen, nicht meinen Rhythmus verlieren; doch plötzlich bemerkte ich, wie ungeachtet der Vernunft und meines Wissens um die Raubtiere, uralte Reaktionen in mir aufstiegen, intuitive Warnungen aus der Vergangenheit. Ganz gleich, was ich wußte, ich reagierte auf die eingebildete Bedrohung durch den Engpaß wie ein Steinzeitjäger, der von seiner Höhle abgeschnitten ist.'

Sigurd Olson, The Singing Wilderness

Sigurd Olsons Beschreibung, wie er einen dunklen, zugefrorenen Fluß auf Schneeschuhen entlangging, zeigt die unbegründete Furcht, die ihn überfiel, als er die Nähe der Wölfe spürte. Diese Furcht besitzen wir alle. Im Unterschied zu jenen, die mit den Wölfen leben möchten, stellen jedoch jene, die dies ablehnen, ihre Furcht über Vernunftgründe.

Es besteht kein Anlaß, Wölfe übermäßig zu fürchten. Noch nie wurde in Nordamerika ein Mensch von einem gesunden Wolf angegriffen. Kein einziger. Aber selbst, wenn man das weiß, ist es schwer, den uralten Reflex zu unterdrücken.

Ich habe dieselbe Furcht während eines blauschwarzen Winterabends tief in den Wäldern von Ravenwood empfunden. Die Öde des Winters und das Wissen, daß sich jeder in dem eisigen Wald kümmerlich durchschlägt, läßt die Welt schauriger und gefährlicher erscheinen. Wie Olson in demselben Essay bemerkt, wäre der Kampf kurz und die Kräfte ungleich verteilt, sollte sich ein Wolf entscheiden, einen Menschen anzugreifen. Wenn ich beobachte, wie Wölfe ihr Opfer zerreißen, wenn ich die Kraft ihrer gespannten Schenkel und der schrecklichen Fangzähne sehe, fällt es mir schwer, mich nicht in der Rolle des Opfers zu sehen. Bei all meinen Begegnungen mit Wölfen habe ich mich jedoch nur einmal bedroht gefühlt, und da war ich selbst schuld.

Vor einigen Jahren wollte ich auf Ellesmere Island 'Buster', einen alpha-Wolf, filmen, der einen toten, gestrandeten Seehund entdeckt hatte. Während der

EIN KANADISCHER UNGLÜCKSHÄHER UNTERSUCHT DIE ÜBERRESTE EINES TÖDLICHEN KAMPFES.

einhundertachtunddreißig

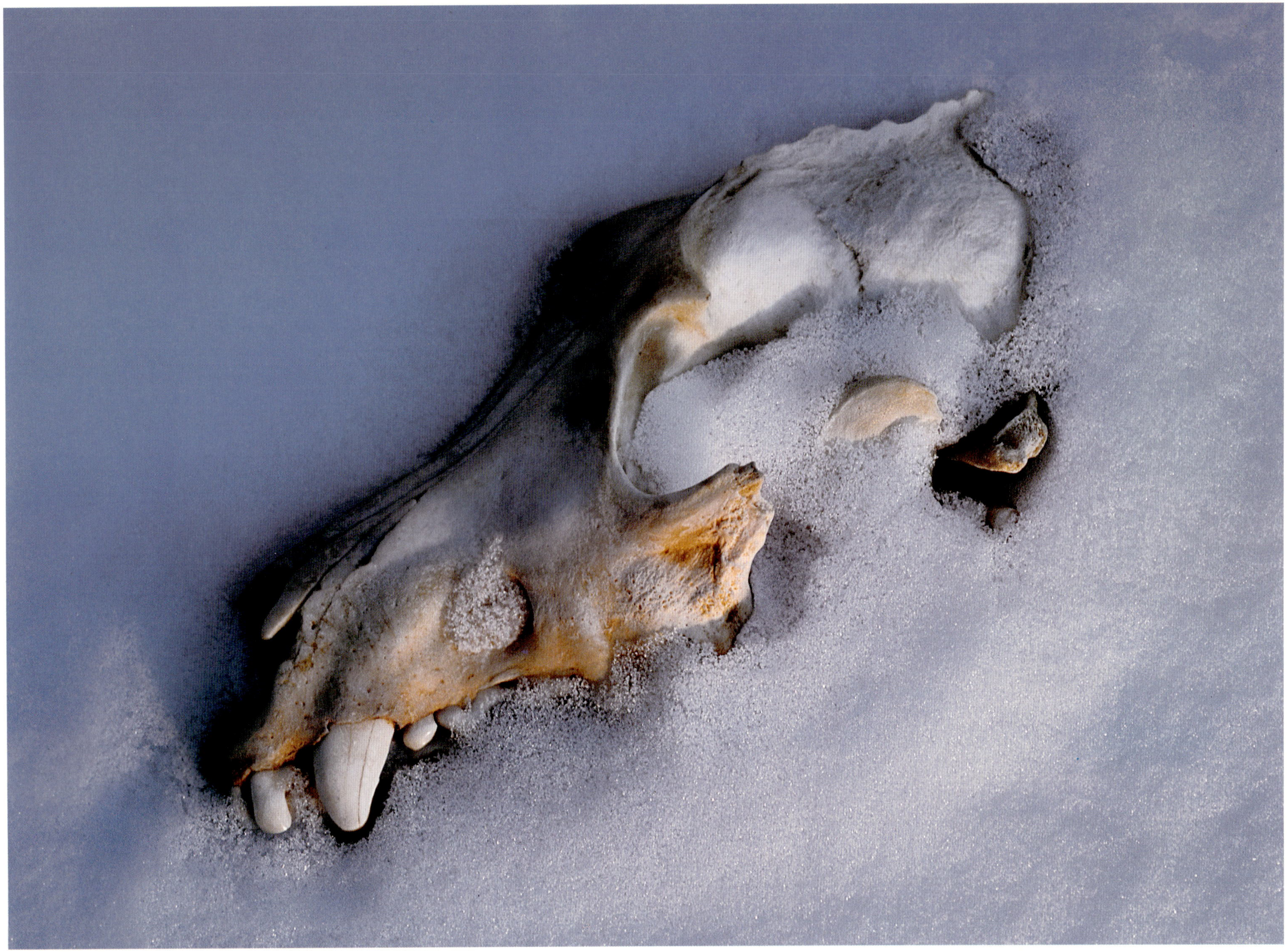

einhundertvierzig

Wolf fraß, saß ich frustriert dabei, denn die gesamte Szene war in Schatten getaucht, und ich wußte, der Film würde unbrauchbar sein. Nach einer Weile wanderte der Wolf davon. Ich ergriff die Gelegenheit, ging zu dem Kadaver und schleppte ihn ins wunderbare arktische Sonnenlicht.

Völlig von meiner Beschäftigung in Anspruch genommen, bemerkte ich zunächst nicht, daß der Wolf zurückgekommen war. Als ich aufsah, erstarrte ich vor Schreck. Ich hatte seine 'aggressive' Haltung in Auseinandersetzungen mit anderen Wölfen gesehen und wußte genau, er war nicht glücklich darüber, daß ich mich offensichtlich mit dem Seehund davonmachen wollte.

Jedes Haar auf dem Rücken des Wolfes war gesträubt, und die auf meinem Nacken standen gleichfalls zu Berge. Da Wölfe sehr gut Körpersprache verstehen, bewerten sie wahrscheinlich unsere normale, aufrechte Stellung als ein Zeichen von Dominanz. Diesmal war ich jedoch über den Seehund gebückt, eine Position, die der Wolf wohl als Demutshaltung interpretiert hatte.

Der Wolf rannte auf mich zu, und ich machte, daß ich davonkam. Gerade rechtzeitig erreichte ich meinen Geländewagen. Hätte ich jedoch meine Stellung behauptet, ich glaube, Buster hätte sich zurückgezogen.

Diese Erfahrung zeigt, daß jeder Wolf anders reagiert, daß einige bei Gelegenheit aggressiv sein können, und daß wir an unerfreulichen Begegnungen mit Wölfen zumindest eine Teilschuld tragen. Berücksichtigt man jedoch die Zahl der Wölfe in Minnesota, dann haben sich bemerkenswert wenige Mensch-Wolf-Begegnungen ereignet. Die meisten waren purer Zufall, und sowohl der Wolf wie die betreffende Person machten sich in der Regel so rasch davon, daß nichts Schlimmeres geschehen konnte.

Im Jahr 1993, während des John Beargrease-Hundeschlittenmarathons von Duluth bis Grand Portage und zurück, begegnete ein Hundegespann an einer abgelegenen Stelle der Strecke einem Wolf. Man kann nur vermuten, warum der Wolf nicht sofort wegrannte. Als er das runde Dutzend Hunde auf sich zurennen sah, erstarrte er völlig, und das Gespann raste in ihn hinein. Der verblüffte Wolf leistete keinen Widerstand. Nachdem er sich aus den Leinen des Hundegespanns befreit hatte, und der Schlitten das Rennen wieder aufnahm, rannte er sogar neben den Hunden her.

Der Fahrer des Schlittens erzählte später im Scherz, er hätte gedacht, der große Wolf gehörte zu seinem Team. Die Regeln des Rennens verbieten zwar, nach Rennbeginn einen zusätzlichen Hund anzuspannen, sagen aber nichts über Wölfe, fügte er hinzu.

Diese Geschichte zeigt wieder einmal, wie wenig sich das Verhalten eines Wolfes voraussagen läßt. Trotz der Tatsache, daß Wölfe unzählige Gelegenheiten hatten, Menschen anzugreifen – und dies nicht taten – bleiben sie immer wilde Tiere. Sicher kommt einst der Tag, an dem ein junger, unerfahrener Wolf einen Mensch angreift, aber selbst ein solcher Vorfall darf uns nicht als willkommener Grund dienen, in alte Denkweisen zurückzufallen oder alle Wölfe zu bestrafen und sie auszuradieren – das wäre ähnlich sinnlos, wie alle Hunde abzuschaffen, nur weil ein einziger einen Menschen beißt. Wenn wir den Wolf akzeptieren, dann müssen wir alle Aspekte seiner Natur akzeptieren.

Wie jedes Lebewesen auf unserem Planeten hat auch der Wolf eine Art Seele. Ein Tier zu vergöttern, ist jedoch eine eigenartige Sache. Schreiben wir dem Wolf seelische Qualitäten zu, dann verhalten wir uns vermutlich nicht viel anders als die Ureinwohner, die den Wolf als ein Totem verehrten, von dem sie zu lernen hofften. Wenn jedoch die frühen Totem-Sucher die Seele des Wolfes bewunderten, dann vergaßen sie nie seine wirkliche Natur. Obwohl sie den Wolf verehrten und ihn als jagenden 'Stammesbruder' ansahen, mit dem sie ihre Welt teilten, kannten sie ihn als Lebewesen aus Fleisch und Blut – eines, das andere Lebewesen tötete und fraß, und dessen Fell den Menschen wärmen konnte.

Je weiter sich die Menschen von der Natur entfernen, desto mehr neigen sie dazu, die Natur und ihre Bewohner mißzuverstehen. Irgendwo in unseren ursprünglichen Wurzeln erkennen wir im Wolf immer noch ein Stück von uns selbst. Wir erinnern uns schwach, daß auch wir einst Lebewesen des Waldes und der Ebenen waren. Einst lebten wir fast so wie die Wölfe, und obwohl wir uns heute anstrengen müssen, diesen Aspekt zu akzeptieren, lohnt dieser Kampf. Er kommt noch nicht zu spät für die Gesundheit des Wolfes und das Überleben unseres Planeten.

Sigurd Olson starb im Winter 1982 auf seinen Schneeschuhen. Er wurde 83 Jahre alt.

Von Zeit zu Zeit mache ich in Ely Halt und besuche seine Frau Elizabeth in ihrem Haus. Elizabeth Olson ist eine wunderbare Person. Sie strahlt, als wäre sie durch das Feuer des Lebens poliert worden, durch die brennenden Schlachten für die Wildnis, die ihr Mann so tapfer ausgefochten hat.

Wenn Sigurd in seiner eigenen Gemeinde auf Widerspruch stieß, brauchte er nur bis in die nahe Ortschaft Duluth zu fahren, um sich als Held feiern zu lassen. Sig bekam Ehrungen. Elizabeth jedoch mußte in der Heimatgemeinde zur Kirche gehen, zu den Elternversammlungen der Schule und auf den Markt, wo sie Nachbarn traf, die manchmal störrisch auf einer anderen Meinung beharrten als ihr Mann. Sie war es, die großen Mut brauchte.

Bei meinem letzten Besuch lud mich Elizabeth aus dem 'öffentlichen' Teil des Hauses – dem Wohnzimmer, wo sich noch immer Sigs Freunde und Bewunderer versammeln – in einen Teil des Hauses ein, den ich niemals zuvor gesehen hatte. Ihre glänzenden Augen und ein verschmitztes Lächeln verrieten mir, es gab einen besonderen Anlaß.

Wir stiegen die Treppe hinauf und gingen in ein Zimmer. Elizabeth zeigte auf eine Wand. Ich drehte mich um und sah zunächst Sigs ehemaliges Bett. An der Wand, oberhalb des Fußendes, hing eine gerahmte Photographie.

Es war die Photographie eines Wolfes. Nicht nur das, es war eines meiner Photos, das ich Sig vor vielen Jahren geschenkt hatte. Es war in der Tat das erste wirklich gute Photo, das ich je von einem Wolf gemacht hatte. Wenige Jahre, nachdem ich ihm dieses Photo geschenkt hatte, erzählte er mir, er habe es an einem besonderen Platz aufgehängt. Ich nahm immer an, er meinte damit seine Schreibhütte.

Elizabeth lächelte strahlend. Es gab nicht viel zu sagen. Ich war sprachlos und tief bewegt, daß Sig den Wolf so geschätzt hatte. Plötzlich fiel mir ein: Vielleicht ist einer der Gründe, warum ich mit so viel Glück Wölfe photo-

Meine erste Aufnahme eines Wolfs – das Lieblingsfoto von Sig Olson.

graphieren und meine Arbeiten veröffentlichen konnte, daß ich einen Schutzengel habe, der über mich wacht.

In vielerlei Hinsicht war Sig dieser Engel.

Es befriedigte mich tief zu wissen, daß Wölfe in diesem Land waren, daß es wild und noch immer groß genug für sie war, umherzustreifen und zu jagen. In dieser Nacht war die Wildnis von Quetico Superior genauso, wie die Reisenden sie vor 200 Jahren erlebt hatten, so ursprünglich und unverändert wie vor der Entdeckung.

Sigurd Olson bekräftigt mit diesen Worten, worin die Magie der Wölfe besteht: Wenn ein Land wild genug für Wölfe ist, dann ist es auch wild genug für die menschliche Seele. Ist es groß genug für Wölfe, dann ist es auch groß genug, um unsere ursprünglichen Bedürfnisse zu befriedigen.

Wölfe bereichern ein Land, indem sie es lebendig und vollkommen machen, denn ohne Wölfe (und, an manchen anderen Orten, Grizzlys) ist ein Land nur ländlich, zahm, weil es zwar vielleicht nicht seine Schönheit, aber sicherlich seine ursprüngliche Vitalität verloren hat. Pirschen keine Raubtiere mehr über die Hügel, wurde der uralte Pakt entweiht, und die Beutetiere müssen als halbdomestiziertes Vieh leben. Ohne Wölfe und ihre Wildheit fehlt dem Land das Elektrisierende des Lebens. Der Schauder, der Sigurd in jener eisigen Nacht überlief, ist genau das, was die pure Existenz vom Leben trennt.

Ich habe in meinem Leben viele Wölfe gesehen. Einige waren Wölfe meiner Phantasie, wie jene, die ich als Kind sah, wenn ich vom Nordland träumte, wo die Wölfe durch mondhelle Wälder pirschten. Andere waren Wölfe, auf die ich hoffte, wie jene, denen ich ohne großen Erfolg zu Beginn meiner Photographen-Karriere nachsetzte. Andere waren real – die Wölfe auf Ellesmere Island in der Arktis und die Wölfe von Ravenwood.

Mein Gefühl für den Wolf ist – mein Gefühl. Es wird bei Ihnen genauso unterschiedlich sein wie bei jedem anderen. Aber ich weiß um einige Dinge, die zum Geheimnis des Wolfes beitragen.

Wölfe bringen uns unserem historischen Selbst wieder näher. Wie die geistige Gesundheit davon abhängt, sein wahres Ich zu akzeptieren, so hängt die seelische Gesundheit davon ab, diesem wahren Ich seine Freiheit einzuräumen.

Unsere Gesellschaft besteht darauf, uns von unseren ursprünglichen Wurzeln zu trennen, als sollten wir verleugnen, daß in der menschlichen Seele noch immer ein halbnackter Jäger-und-Sammler wohnt. Selbst jene, die sich bekennen, Wölfe zu lieben oder zu bewundern, lehnen oft ihre eigene, ursprüngliche Natur ab, denn sie haben große Schwierigkeiten, ihre Liebe zu den Tieren mit dem Wissen in Einklang zu bringen, daß Lebewesen von anderen Lebewesen gefressen werden, und daß auch der Mensch letztlich ein Raubtier ist.

Wir nahmen den Wolf bei uns oder der Wolf uns bei sich auf, weil wir uns so sehr gleichen. Das ist wichtig. Vor Tausenden von Jahren holten wir ein kraftvolles, intelligentes Raubtier in unsere Höhlen und Lager, und heute schläft es zu unseren Füßen. Während wir lernten, den Wolf zu lieben, der zum Hund wurde, begannen wir den Wolf zu hassen. Ich hoffe, dies wird

Der September ist für mich die schönste Jahreszeit im Kanu-Land.

EMPFINDLICHE OHREN VERNEHMEN DAS ECHO EINES ENTFERNTEN HEULENS.

einhundertsechsundvierzig

Frisches Birkenlaub im tiefen Wald.

einhundertsiebenundvierzig

sich ändern. Wenn wir den Wolf verachten, verachten wir die wahre Natur der Welt, in der wir leben. Wir müssen erkennen, daß wir uns denselben biologischen Zwängen zu stellen haben wie der Wolf und alle anderen Lebewesen dieser Erde – die Gesundheit unseres Planeten wird davon abhängen.

Im Auftrag des National Geographic fuhr ich einmal mehrere Tage mit der Eisenbahn durch Nordchina (zufällig dieselbe geographische Breite wie Ravenwood). Zu meinen Aufgaben gehörte es, den Sibirischen Tiger und den Mandschurenkranich zu photographieren. Als ich dies meinen chinesischen Führern erklärte, waren sie völlig verblüfft. Keiner der Menschen, mit denen ich sprach, konnte begreifen, warum jemand die Natur besuchen oder betrachten wollte.

Diese Menschen hatten keine Zeit für Naturbetrachtungen. Sie dachten über das Überleben nach. Für sie ist die Natur nur ein Hindernis. Als ich durch das Land reiste, sah ich weder Vögel noch andere Wildtiere, nur umgestaltete Landschaft voller Menschen und ihren Bauten. Immer wenn ich an diese Landschaft denke, bete ich, daß dies kein Abbild der Zukunft unseres Planeten war.

Im vergangenen halben Jahrhundert haben wir damit begonnen, die Wildnis als Gesundbrunnen anzusehen, der notwendig ist für unser geistiges und ökologisches Gleichgewicht. In dieser Wildnis lebt noch immer der Wolf – ein Symbol für das Unbezwungene in der Natur. Wenn ich Wolfsspuren auf der unendlichen Weite eines Sees in der Wildnis entdecke, gehen meine Überlegungen weit zurück. Ich fühle mich voller Ehrfurcht, an einem Ort zu sein, an dem die Natur herrscht, und wo die erste Regel der Natur auch die einzige ist: Überlebe.

Immer wenn ich den Wolfsfährten folge, werde ich von einem früheren Ich begleitet: Ich bin wieder der Junge, der den Füchsen folgt.

DER SUMPFIGE ZEDERNWALD HAT VIELE GEHEIMNISSE.

einhundertfünfzig

Wenn ich über den gefrorenen See schaue und die Wölfe sehe, wie sie den Wind unten am Hügel prüfen, bemerke ich in mir ein noch früheres Ich: Ich bin ein Mann, der die ursprüngliche Welt entdeckt, der sich fragt, wohin die Wölfe gehen, und ob sie mich vielleicht mit Glück zu Fleisch für meine Familie führen.

Wenn ich den Spuren bis zum Südhang des Hügels folge, wo die Wölfe Eindrücke im Schnee hinterlassen haben, erwacht sogar ein noch früheres Ich: Ich bin der Ureinwohner, der seinem Wolf/Hund bis zu dem Karibu folgt, das er verwundet hat.

Dann sehe ich, daß die Wölfe schlaksig, mit leichten Schritten fortgelaufen sind und zwischen den Zedern jenseits des Sees verschwinden. Sie sind ausgeruht, hungrig und haben ihre Suche nach Nahrung wieder aufgenommen. Das wollen und brauchen sie. Es liegt nichts Mysteriöses darin. Und ein Wolf weiß, wie er überlebt. Jede Faser sagt ihm wie.

Wir dürfen niemals vergessen, daß ein Wolf dasselbe will wie wir: Nahrung, Raum, Frieden, soziale Ordnung und eine gesunde Umwelt zum Leben.

Natürlich will der Wolf noch etwas, das uns nicht mehr überraschen dürfte.

Bruder Wolf will alleine gelassen werden.

EPILOG

Dave Beers beklagt den Tod einer alten Freundin. Seine graue Wölfin ist tot. Seit mehreren Jahren war er mit ihr zusammen, und jeden Frühling brachte sie einen Wurf junger Wölfe zur Welt, die David ein nettes Sümmchen in Form von Prämien einbrachten. Mr. Beers und die alte Wölfin scheinen sich aber irgendwie verstanden zu haben. Auf jeden Fall haben sie sehr harmonisch zusammengearbeitet, und David hat sich gut um sie gekümmert. Bis zu dem Zeitpunkt, an dem einige Wolfsjäger, die scheinbar nichts über diese Partnerschaft wußten, bei einem ihrer Raubzüge der Wölfin in die Quere kamen. Die Spürhunde machten ihrer Karriere ein Ende. Als David davon erfuhr, schrieb er 50 $ ab.

Dieser Bericht über einen Mann und einen Wolf erschien 1893 im Rock County Star Herald, der Lokalzeitung meiner Jugendjahre. Die Geschichte bewegte mich tief. Daß ich wieder darauf stieß, als ich am letzten Kapitel dieses Buches arbeitete, erschien mir als bemerkenswertes Zusammentreffen.

David Beers Verhältnis zu seiner Wölfin, der er jedes Jahr die Jungen entriß und diese für eine Prämie tötete, ist auch für unsere jüngste Beziehung zum Wolf typisch. Meine jetzige Lokalzeitung, das Ely Echo, brachte jüngst einen Leitartikel mit dem Titel 'Besser als Prämien' heraus. Die Zeitung stellte fest, daß sich die Einstellung der Bürger gegenüber den Wölfen änderte, da diese wundervollen Tiere Touristen anzogen, und Touristen Geld in die Gemeinde bringen. Der Artikel endet mit den Worten: 'Wolfsrudel bringen Geldbündel'. In den 100 Jahren, die zwischen den beiden Zeitungsartikeln verstrichen sind, hat sich kaum etwas grundlegend geändert. Offensichtlich gestehen einige Menschen den Wölfen wenig oder gar keinen Wert an sich zu; sie werden nur wertvoll, wenn sie Geld einbringen.

Noch etwas kam in mir hoch, als ich den Bericht über Beers las. Er lebte in der Nähe des Gehöftes meines Urgroßvaters. Heute gehört die Farm der Beers einem entfernten Verwandten von mir. Ich frage mich, ob sich mein Urgroßvater jemals Beers anschloß oder auf ähnliche Prämienjagden ging? Ich weiß, daß die Geschichte von Beers und seiner Wölfin eine Empfindung in mir anrührte, wie noch nichts zuvor. Genau an dem Ort, wo ich aufwuchs, lebten einst Wölfe. Ehe nicht die Menschen von dort fortgehen, wird nie wieder eine Wölfin auf den Prärien meiner Jugend ihre Jungen austragen. Dieses Wissen macht mich traurig.

Nun, da mein Buch zu Ende geht, wird mir klar, daß vieles in meiner Karriere mit den Wölfen vorherbestimmt schien oder zumindest zufällig war. Hätte sich nur ein Ereignis anders abgespielt, vielleicht hätte ich niemals den Wölfen aus meinen Träumen nachgesetzt.

Es war wider alle Vernunft zu glauben, daß ich einen Waldweg entlanggehen könnte, den eben Wölfe gekreuzt hatten und sie aus etwa vier Metern Entfernung würde photographieren können. Damals war ich jung und dachte, ich könnte es schaffen, und genauso geschah es auch an einem eiskalten Morgen in Minnesota. Ich verließ meinen Wagen und schlich zu dem Platz, wo ich die Wölfe zuletzt gesehen hatte. Trotz meiner Versuche, mich heimlich anzunähern, haben die Wölfe mich sicher gehört oder gesehen. Diese erfolgreiche Begegnung inspirierte mich, weiterzumachen. Jahre später, als ein geisterhaft wirkendes, arktisches Wolfsrudel sich unerwartet aus dem Eisnebel von Ellesmere Island löste und meine Gegenwart duldete, wußte ich, ich mußte zurückkommen und die Geschichte dieser Wölfe schreiben. Irgend etwas trieb mich stets weiter.

Ich hatte nie geplant, als der „Wolfsphotograph" bekannt zu werden. Während meiner Studienjahre habe ich mich nicht oft mit Wölfen befaßt, aber es war mir wichtig, über sie zu erzählen. Heute weiß ich, daß ich – wie bei vielen meiner Photographien – versuchte, etwas einzufangen, was wir jetzt verloren haben. Es war mein Schicksal, Wölfen zu begegnen, und dieses Schicksal trieb mich an, mich für ihr Überleben einzusetzen.

Vielleicht war auch mehr als Schicksal am Werk. Wir konnten vor langer Zeit den Wolf adoptieren, weil diese Tiere intelligent genug waren, um von dieser Verbindung zu profitieren. In jüngster Zeit haben Verhaltensforscher angefangen, darüber zu spekulieren, ob einige der intelligenteren Tierarten fähig sind zu denken. Während sie ihre Forschung vorwiegend auf die Primaten beschränken, finde ich bemerkenswerte Parallelen zu meiner Erfahrung mit den Wölfen. Diese Forscher glauben, daß Menschen – und vielleicht andere Tiere – im Zuge der Evolution Denkfähigkeit als Überlebensstrategie entwickelt haben. Ein Lebewesen, das die Handlungen seines Rivalen oder die Aktionen des Partners vorausplanen kann, vermag aus diesem Wissen Kapital schlagen, indem es unerfreuliche Ereignisse meidet bzw. an erfreulichen teilnimmt.

Eines der Kriterien, diese Fähigkeit zu bestimmen, die etwa mit einem Ich-Bewußtsein gleichzusetzen ist, ist die Neigung eines Tieres, andere zum eigenen Nutzen zu täuschen. Menschen sind Experten in dieser Art von Täuschung. Wie die Forschung gezeigt hat, gilt das auch für Schimpansen. In wiederholten Versuchen haben Schimpansen ihre eigenen Interessen durchgesetzt, indem sie Nahrung versteckten oder politische Bündnisse eingingen, um dem Führer der Gruppe zu gefallen. Nach meiner Erfahrung ist die Loyalität innerhalb eines Wolfsrudels oftmals höher als in menschlichen Familien. Vielleicht sollte ich hinzufügen, daß die Politik des Wolfsschutzes und die wissenschaftliche Wolfsforschung viel boshafter und komplizierter ist als jedes Wolfsrudel, das ich studieren durfte.

Zwei fleischfressende Raubtiere, Menschen und Wölfe, schlossen einen Pakt. Wir brachten unseren Verstand und den Bedarf nach größeren Mengen kalorienreicher Nahrung in die Partnerschaft ein. Der Wolf steuerte seine Fähigkeit bei, Fleisch zu erbeuten, die konzentrierteste aller Nahrung.

Führte diese erste Union mit einer anderen Art zur Veränderung der menschlichen Physiologie, weil eine verläßlichere Nahrungsquelle zur Verfügung stand? Führte dies vielleicht sogar zu einer Zunahme der Intelligenz?

Die große Liebe, die wir unseren Hunden schenken, eine Liebe, die manche Menschen dazu treibt, ihr Leben für diese Haustiere zu riskieren (mindestens einmal habe auch ich dies getan), spiegelt vielleicht jenen frühen Pakt zwischen unseren Arten wider. Selbst der wilde Wolf scheint noch über einige unausgesprochene Bindungen zu verfügen, denn der Wolf ist das einzige große Raubtier, das keine Menschen angreift. Trotz der Vorteile, die wir aus dieser Gemeinschaft ernteten, sehen wir Wölfe am liebsten tot, statt ihnen den Respekt zu zollen, den sie verdienen.

In einer winterlichen Nacht, als ich nach einer Pause in meiner Hüttensauna in die gletscherkalte Luft Minnesotas eingetaucht war, lag ich, wie Gott mich schuf, im Schnee zu Füßen eines gefrorenen Wasserfalls. Während ich dampfend unter dem Nordlicht abkühlte, drückte ich einen 'Engel' in den Schnee.

Am nächsten Morgen ging ich zu der Klippe oberhalb des Schnee-Engels. Ich sah herab und bemerkte eine Wolfsfährte, die aus dem Wald auf das Eis führte und meinen Engel zweiteilte.

Ich war bewegt von der Symbolik. Wie Geister in der Nacht hatten der Wolf und ich denselben Raum geteilt. Da wurde mir klar, daß wir alle den Raum mit dem Wolf teilen, wenn auch nicht mehr so wie die Farmen, die meinem Urgroßvater oder Dave Beers gehörten.

Wenn der Wolf überleben soll, müssen wir unseren Beitrag dazu leisten. Laßt uns hoffen, daß wir in Ravenwood oder an anderen Orten wieder im Innersten bereit werden zu teilen, so wie wir es Jahrtausende lang getan haben. Nur so sichern wir den Lebensraum von „Bruder Wolf".

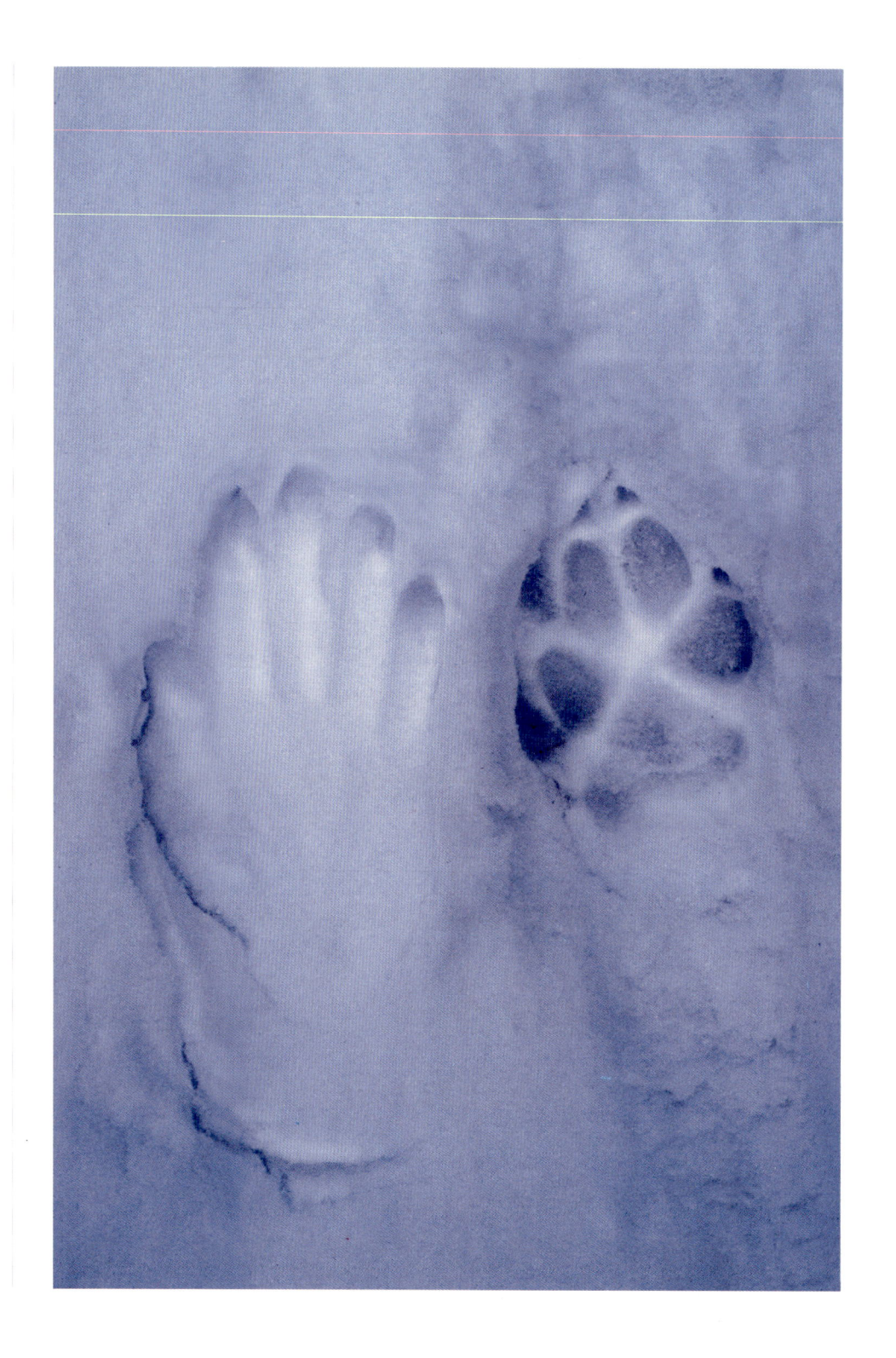

Lake
Canada
United States
Bald Eagle nest
× 1100 Year old Cedar tree

B.W.C.A.W.

Raven Nest ×

Canoe Route

× Camp
Camp ×
× Camp
Camp ×
Winter

Lake
Portage trail
Loon nest
Wolf pack encounter

Cliff house
× Orchid Bog
Bear scratched tree
Water fall
Dead bear

Portage Creek

Birch Forest

Lake
Winter

Wilderness

Black Ducks

Moose M.

Wolf pack
Chase deer on ice

Lake